Robert Powell

Wo Wünsche und Ängste nicht sind …

Robert Powell

Wo Wünsche und Ängste nicht sind …

Eine Einführung in die Lehre Sri Nisargadatta Maharajs

AURUM VERLAG

Das amerikanische Original erschien unter dem Titel „The wisdom of Sri Nisargadatta Maharaj“ bei Globe Press Books, New York.

Ins Deutsche übersetzt von Matthias Schossig

Umschlaggestaltung: Andrea Heissenberg unter Verwendung eines Bildes von Regina Ellinger

Die Deutsche Bibliothek – CIP-Einheitsaufnahme

Powell, Robert:
Wo Wünsche und Ängste nicht sind : eine Einführung in die Lehre Sri Nisargadatta Maharajs / Robert Powell. [Ins Dt. übers. von Matthias Schossig]. – Braunschweig : Aurum-Verl., 1994
Einheitssacht.: The wisdom of Sri Nisargadatta Maharaj <dt.>
ISBN 3-591-08351-8

1994
ISBN 3-591-08351-8

Gesamtherstellung: Chemnitzer Verlag und Druck GmbH, Werk Zwickau

Inhalt

Vorwort

Am 8. September 1981 starb einer der bemerkenswertesten spirituellen Lehrer unserer Zeit, wenn nicht aller Zeiten: Sri Nisargadatta Maharaj. Seinem unsterblichen Andenken ist das vorliegende Buch gewidmet.

Es ist der Versuch, die Essenz der Lehren des Maharaj aus den verfügbaren Informationen zusammenzustellen und das Ergebnis in einer Form zu präsentieren, die keine spezialisierten, religionsgeschichtlichen oder philosophischen Kenntnisse und keine besonderen Fähigkeiten erfordert.

Ein beträchtlicher Teil dessen, was von den Lehren des Maharaj aufgezeichnet wurde, ist in dem Buch *I Am That* (dt. *Ich bin*) enthalten, einer Sammlung von Gesprächen, die von Maurice Frydman aus dem Marathi ins Englische übersetzt wurden. Maurice Frydman, ein polnischer Elektroingenieur und Erfinder, verbrachte ein halbes Jahrhundert in Indien, wo er sich mit der alten Lehre des *Advaita* (wörtlich: Nicht-Zweiheit) beschäftigte. Frydman starb am 9. März 1976 im Alter von fünfundsiebzig Jahren. Ebenso wie Paul Brunton, der den anderen großen indischen Heiligen, Sri Ramana Maharshi, entdeckt und im Westen eingeführt hatte, war Frydman der erste, der Sri Nisargadatta Maharaj übersetzte und weiteren Kreisen zugänglich machte. Die Welt schuldet Frydman großen Dank, denn ohne seine Initiative und seine unermüdlichen Bemühungen wäre uns dieser Schatz möglicherweise verborgen geblieben.

Heute hat die Menschheit mehr als je zuvor die Erleuchtung auf einer spirituellen Ebene bitter nötig. Wir haben einen Überreichtum an technologischem Wissen, und ständig kommen neue Informationen dazu. Keine dieser Informationen ist jedoch geeignet, unsere Sorgen und Konflikte wirklich zu lösen. Im Gegenteil: Ignoranz in Form einer fundamentalen Hilflosigkeit darüber, wer wir wirklich sind und was der richtige Weg im Leben ist, beherrscht das gesellschaftliche Leben. Die Bedrohung durch Kriege und atomare Massenvernichtungswaffen ist ständig gegenwärtig. Die Menschheit lebt mit sich selbst in Fehde. Der Maharaj zeigt uns einen Weg aus dieser Misere.

Einleitung

Zum Anfang möchte ich etwas über die spirituelle Dimension unserer Existenz sagen, deren Entdeckung die meisten Menschen noch vor sich haben. Am Anfang und am Ende eines spirituellen Lebens steht die Selbsterforschung. Uns selbst kennenzulernen, ist eine Reise, die niemals zu Ende geht. Warum sollte ein Leser, dem all dies völlig neu ist und der vielleicht meint, viele weitaus wichtigere und lohnendere Dinge in seinem Leben zu tun, sich überhaupt mit so etwas auseinandersetzen? Worin besteht der Sinn der Selbsterkenntnis? Hat sie überhaupt einen Sinn, außer vielleicht den, daß man sich mit verschiedenen Formen esoterischer oder mystischer Theorien beschäftigt?

Einmal wurde der Maharaj befragt: „Ist die Suche nach dem Selbst überhaupt die Mühe wert?" Kurz und prägnant kam die Antwort: „*Ohne das Selbst ist alles nur Mühe.* Wenn du ein gesundes, kreatives und glückliches Leben führen und unbegrenzte Reichtümer mit deinen Mitmenschen teilen willst, dann geh auf die Suche danach, wer du bist."

Bei einer anderen Gelegenheit, als er gefragt wurde, ob Selbsterkenntnis wirklich so wichtig sei, war seine Antwort: „Ohne Selbsterkenntnis wirst du von deiner Sehnsucht und deiner Angst verzehrt werden, die sich in einer sinnlosen, endlosen Kette des Leidens immer wiederholen. Die meisten Menschen wissen nicht, daß es ein Ende des Leidens geben kann. Wenn sie aber erst einmal die gute Nachricht erfahren haben, ist die Überwindung allen Strebens und Kämpfens die wichtigste

Aufgabe, die es überhaupt geben kann. Du weißt, daß du frei sein kannst, alles andere liegt an dir."

In einer Reihe mit Buddha, Ramana Maharshi, Krishnamurti und anderen war Nisargadatta einer der höchsten Botschafter dieser frohen Kunde. Zutreffend sprach er von „*der* guten Nachricht", denn es gibt keine andere in dieser Welt. Der Kern der Botschaft ist: Es gibt ein Ende des Leidens, und dies ist nicht nur eine Idee, kein unmöglicher Traum, sondern eine Tatsache. Die Befreiung wird zu einem Faktum durch Selbsterkenntnis, und Selbsterkenntnis ist die Frucht wahrer Reife, die Frucht von Verständnis – insbesondere des Verständnisses von sich selbst. Das ist die einzig echte Aufgabe des Menschen in der Welt. Alles andere ist Staffage.

Ein wichtiges Merkmal der Selbsterkenntnis besteht darin, daß sie ein plötzliches, explosives Ereignis ist, das tatsächlich außerhalb der Zeit stattfindet.* Menschen, die eher theoretisch veranlagt sind und niemals etwas Derartiges erlebt haben, haben viele Jahre damit verbracht, über das Wesen der Selbsterkenntnis zu spekulieren. Einige von ihnen haben die Ansicht vertreten, daß Selbsterkenntnis ein allmählicher Prozeß sei, der sich durch verschiedene Stufen entwickelt. Folglich haben sie eine Hierarchie verschiedener Entwicklungsstufen entwickelt, die ein Mensch durchlaufen kann. Maharaj sagt dazu: „Es gibt keine Stufen der Selbsterkenntnis. Selbsterkenntnis hat nichts Allmähliches. Sie geschieht plötzlich und ist unumkehrbar. Man dreht sich um in eine an-

* Es ist interessant zu beobachten, daß in der Natur alle bedeutenden Veränderungen auf einer wirklich fundamentalen Ebene plötzlich auftreten, niemals allmählich. In der Biologie und der Physik beispielsweise finden solche Veränderugnen als Mutationen beziehungsweise Quantensprünge statt.

dere Dimension, von der aus alle vorangegangenen lediglich als bloß gedachte erscheinen."

An anderer Stelle sagt er: „Nur in der Vorbereitung kann es Fortschritte geben. Die Erkenntnis ist plötzlich. Langsam reift die Frucht, aber plötzlich und unwiderruflich fällt sie vom Baum."

Laut Maharaj besteht eines der ersten Dinge, die man normalerweise tut, wenn man ein spirituelles Leben beginnen möchte, darin, sich zu fragen: „Wer bin ich?" In diesem Punkt, wie in vielen anderen, deckt sich die Einstellung Nisargadattas mit der von Ramana Maharshi. Das ist jedoch nicht verwunderlich angesichts der Tatsache, daß beide ihre Wurzeln in den Upanischaden haben. Aber da es sich bei den Upanischaden um eine Weisheits- oder Wahrheitslehre handelt, ist die Verbindung zwischen diesen Meistern und den Lehren vielleicht vollkommen zufällig. Im allgemeinen zeigt sich, daß wirklich erleuchtete Heilige ihren Erkenntnisstand durch direkte Intuition der Wahrheit erhalten, statt durch Studium der Schriften. Entsprechend kann ihre Lehre die Schriften als Lernhilfe nutzen oder auch vollkommen ohne sie auskommen, je nachdem, wie es der Vorbildung des jeweiligen Schülers am angemessensten ist. Für die meisten Schüler aus dem westlichen Kulturkreis, die nicht in der orientalischen Tradition bewandert sind, ist die letztere Art wahrscheinlich am angebrachtesten, während man orthodoxe Hindus am besten erreicht, indem man sie auf die verborgenen Bedeutungen der formalen Lehren hinweist. Aufgrund seiner Geburt und seiner Erziehung in einer hinduistischen Gesellschaft war Maharaj in hohem Maße für beide Lehrverfahren geeignet.

Obwohl das Wort „Guru" in unseren Tagen sehr locker gebraucht wird und auch auf Sri Nisargadatta angewendet wurde, war Maharaj keineswegs einer jener indischen Gurus, die strikten Gehorsam fordern und bei ihren Schülern eine psychologische Abhängigkeit erzeugen. In den Worten des Maharaj ist die Aufgabe des Lehrers ungewöhnlich klar umrissen und einfach ausgedrückt: „Die einzige Hilfe, die es wert ist, gegeben zu werden, besteht in der Befreiung von der Notwendigkeit weiterer Hilfe. Wiederholte Hilfe ist überhaupt keine Hilfe. Sprecht nicht davon, jemandem zu helfen, wenn ihr ihn nicht von dem Bedürfnis nach Hilfe befreien könnt."

Die meisten Bücher, die sich mit einer großen philosophischen oder religiösen Gestalt beschäftigen, versuchen, sie mit anderen zu vergleichen, um sie in die „richtige Perspektive" zu rücken. Sie klassifizieren sie als einer bestimmten Denkrichtung zugehörig. Sollte die Gestalt sich als zu innovativ erweisen, um sie irgendwo einzuordnen, wird einfach eine neue Denkrichtung ins Leben gerufen, die von ihr begründet wurde. Auf diese Weise hofft man, die Position der betreffenden Person ein für allemal festlegen zu können. Ich werde der Versuchung widerstehen, den Maharaj in dieser Weise zu behandeln, denn er war auf einzigartige Weise er selbst, und seine Lehre eignet sich überhaupt nicht für solches Schubladendenken. Tatsache ist, daß Maharaj die Grenzen seiner eigenen Menschlichkeit überschritt und sich zu einem voll erleuchteten Wesen entwickelte, auf das unsere konventionellen Klassifizierungen nicht mehr angewendet werden können. Er selbst sagte in diesem Zusammenhang: „Schaut nicht nach etwas, womit ihr mich identifizieren oder was ihr mir gegenüberstellen könnt: Ich bin dort, wo Wünsche und Ängste nicht sind."

Maharaj war ein unkomplizierter, arbeitender Mensch mit wenig formeller Bildung, der ausschließlich Marathi sprach. Niemals studierte er die Upanischaden.

Seine Einstellung den Schriften gegenüber wird in folgender Äußerung zusammengefaßt: „Nur die Schriften zu kennen heißt, nichts zu wissen." Er transformierte sich selbst vollständig durch seine Meditation und Lebenserfahrung, obwohl er dieses Verdienst seinem Guru zurechnet, der ihm die notwendigen anfänglichen Hinweise gegeben hatte.

Die Grundzüge der Lehre

Die Lehre des Maharaj ist von vorbildlicher Einfachheit und Schönheit. So kompliziert, wie wir sind, finden wir solche Einfachheit befremdlich. Wir sind zu „gebildet", um eine Schönheit, die mit Einfachheit Hand in Hand geht, zu würdigen.

Für Maharaj ist die Realität das, was im jeweiligen Moment *ist*. Für die meisten von uns sind Beobachtungen von Erwartungen, Wünschen und Ängsten getrübt. Es gibt viele unausgesprochene Annahmen, denen unser Denken unterliegt, und wir sind uns nicht bewußt, daß unser Denken sehr kompliziert, stark konditioniert und ein höchst unzuverlässiges Instrument zur Verarbeitung von Informationen aus der Außenwelt geworden ist. Das Problem hat sich bei uns verbreitet, weil wir niemals die grundlegenden Probleme der Wahrnehmung und Begriffsbildung in Frage gestellt haben. Wir sind immer davon ausgegangen, daß der Verstand alles ist, und haben die aufmerksame Intelligenz, die alle Wahrnehmungen erst möglich macht, vollkommen aus dem Blickfeld verloren. Wir sehen die vielgestaltigen Formen der materiellen Welt, und unser Verstand wird sofort aktiv, um den Formen Namen und damit Beständigkeit zu geben. So wird jede neue Wahrnehmung mit Hilfe des Verstandes in den Rahmen dessen eingepaßt, was in der Vergangenheit bereits wahrgenommen und eingeordnet wurde. Die Folge ist, daß wir in einer Welt der Symbole leben, in der wir zwar Informationen austauschen und miteinander kommunizieren können, aber vollkommen den Kontakt zu dem verloren haben, was jenseits der Symbole liegt. Die Worte und Symbole werden für wahr genommen. Maharaj hat es sich zur Aufgabe gemacht, uns aus diesem Traum der Unwirklichkeit wachzurütteln und dazu zu bringen, unser wahres Wesen zu entdecken.

Die Lehre kann mit einem makellosen Diamanten verglichen werden, der in all seiner Brillanz und Klarheit erstrahlt, mit unzähligen Facetten, die alle die zentrale Wahrheit hereinlassen, und von der jede einzelne den gesamten Diamanten reflektiert. Wir wollen eine dieser Facetten einmal näher anschauen:

> Der Mensch ist weder ein Körper, mit dessen Gestalt und Name er identifiziert wird, noch ein Verstand, der im wesentlichen eine Komposition verschiedener Bilder darstellt, denen vom Gedächtnis Beständigkeit verliehen wird. Was er *ist*, sein Selbst, kann nicht in positiven Begriffen ausgedrückt werden, denn diese sind immer vom Körper/Geist abgeleitet und davon abhängig. Am besten läßt es sich in negativen Begriffen ausdrücken: nicht *dies*, nicht *das*, kein „Ding" *(neti-neti)*. Es kann erfahren oder erkannt werden, wenn man über die Worte „Ich bin" hinausgeht und an dem Gefühl des *Ich bin* festhält, das alle Menschen gemeinsam haben und das das einzige ist, über das sie nicht geteilter Meinung sein können.* Dieses Bewußtsein ist undifferenziert und liegt, da es nicht von Körper und Geist ab-

---

* Selbst in dem unwahrscheinlichen Fall, daß jemand des Teufels Advokat spielen möchte und sagt: „Ich bin nicht", wer ist es dann, der das sagt? Mit eben dieser Verneinung würde er das „Ich bin" bekräftigen. (Siehe auch Seite 65)

hängig ist, außerhalb von Raum und Zeit. Das Gegenteil ist der Fall: Raum und Zeit liegen innerhalb dieses Selbst-Bewußtseins. Sie sind die Rahmenbedingungen für den menschlichen Geist und bestimmen seine besondere Funktionsweise, wenn sie an dem gewohnten Prozeß des linearen Denkens beteiligt werden. Obwohl man uns eingebleut hat zu glauben, daß wir in dieser Welt existieren, ist die Wahrheit völlig anders: Die Welt existiert im Selbst. Daher dürfen wir, um unserem echten Selbst treu zu bleiben, uns nicht in unwirkliche Dinge verwickeln lassen. Wir müssen vollkommen losgelöst von den Ereignissen bleiben, die sich in Körper und Geist abspielen. Das bringt mit sich, daß man eine Haltung des reinen Beobachtens bewahrt und niemals eingreift oder versucht, die Ereignisse der psychisch-emotionalen Welt zu beeinflussen. In der Praxis heißt das, daß man sich stets von einem Geschehen zum nächsten bewegt, von einer Beobachtung zur anderen, ohne die Wahrnehmungen durch Gedanken, Meinungen, Wünsche oder Ängste zu filtern. Es gibt nichts, was wir zu tun hätten; im Gegenteil: Es reicht aus, passiv zu bleiben, ruhig, still und bewußt. Wenn der Geist vollkommen schweigt, wird man zum Zeugen des eigenen Gedankenlebens. Die *persona* fährt fort, ein Teil der Welt zu sein, aber die Identifikation mit dem Zeugen hört auf.

Anfänglich wird man merken, daß eine solche Haltung bewußter Wahrnehmung mit einem vollkommen stillen Geist nicht leicht aufrechterhalten werden kann, denn der Geist kehrt gern wieder zu seinen alten Mustern zurück, die Dinge zu bewerten, Partei zu ergreifen, etwas zu erwarten und zu kontrollieren, denn seine Haupttriebkräfte sind Wünsche und Ängste. Wenn das Bewußtsein jedoch stark und umfassend genug ist, kommt die reine Wahrnehmung von selbst – leicht und natürlich –, indem man sich darauf konzentriert, wie man aus dem Zustand losgelöster Wahrnehmung herauszufallen droht und die Eskapaden der Gedanken leidenschaftslos beobachtet. Paradoxerweise bedeutet das nichts anderes als die aufmerksame Beobachtung der eigenen Unaufmerksamkeit.

Nisargadatta weist darauf hin, daß man irgendwann einen Zustand des reinen Seins ohne jegliche Differenzierung entdecken wird. Das bedeutet, daß man nicht mehr dies oder das ist, kein Ding im besonderen, weder Körper noch Geist. Es gibt weder Subjekt noch Objekt. Man ist dasjenige, in dem alle Dinge ihr Sein haben. Folglich ist man nicht in der Welt, sondern die Welt ist in einem. Man handelt nicht in bezug auf die Welt, sondern die Welt geschieht in bezug auf sich selbst. Alles hat sein Sein im „Ich", im „Ich bin", das in jedem menschlichen Wesen aufleuchtet. Der Leser wird einsehen, daß diese Erkenntnis weitaus kosmischer ist als sich jene, die den Begriff „kosmisches Bewußtsein" häufig im Munde führen, jemals erträumen können.

Der Autor hat selbst niemals ein Problem damit gehabt, sich von der Vorstellung zu verabschieden, daß er ein Körper ist, denn er hat niemals das Soma als seine grundlegende Realität empfunden. Schon immer hielt er sie für eine rein geistige Reflexion, das Produkt der Sinne und des Gehirns. Was die Psyche angeht, so hat er in seinem Leben so viele verschiedene und widersprüchliche Vorstellungen von sich selbst gehabt und sich dabei mehr oder weniger wichtig genommen (und aus diesen inneren subjektiven Vorstellungen heraus in seinen äußeren Beziehungen gehandelt), daß er eines Tages alle diese Vorstellungen aufgab und seine eigene Nichtigkeit erkannte. Von diesem Zeitpunkt an hat er in einem Zustand des Nichtwissens bezüglich seines eigenen Wesens gelebt, der an Naivität und, wie es einige einschätzen würden, ans „Unrealistische" grenzte. Wenn jedoch das „Realistische" sich letztlich als subjektiv und willkürlich erweist, dann ist es ja durchaus angebracht, unrealistisch zu sein. Auch heute noch ist der Autor auf der Hut vor allen intellektuellen Versuchen, ihn in eine Schublade zu stecken. Er weist mit Entschiedenheit jegliches Ansuchen seines Verstandes zurück, sich seiner Treue oder seiner Identifikation mit ihm zu versichern. Seine Haltung ist jederzeit die einer respektvollen Distanz zu seinem Verstand und dessen Produkten.

All jenen, denen die Lehre zu revolutionär oder für ihre langgewohnte Einstellung dem Leben gegenüber zu fremdartig ist, schlägt Maharaj vor, trotzdem offen zu bleiben und einen provisorischen Versuch zu wagen. Nach einer gewissen Zeit werden sie, wenn die alten Denkgewohnheiten allmählich wegfallen, die Wahrheit ganz natürlich von selbst erkennen. Schließlich ist unser Sein im wesentlichen durch unser Denken bestimmt: durch das, wofür wir uns halten. Wenn wir uns als isolierte, eingegrenzte Wesen betrachten, werden wir diese wesentliche Einschränkung in unseren Ansichten und in allen unseren Beziehungen zum Ausdruck bringen. Wenn wir uns jedoch als die unendliche Ausdehnung des Bewußtseins sehen, das alles umfaßt und ein unbegrenztes Potential darstellt, dann kann unser armseliges Leben transformiert werden, so, als hätte ein göttlicher Hauch es gestreift.

Die Annäherung an eine solch wahrhaft holistische Vision kann jedoch niemals durch eine direkte, bewußte Anstrengung in Form von Gedanken oder Einbildungen geschehen. Das Begrenzte kann niemals das Unendliche erfassen. Da das Denken sich ausschließlich auf der intellektuellen Ebene abspielt, muß ein solches Vorgehen letztlich ein Selbstbetrug bleiben. Wenn das Denken aus seinem begrenzten Rahmen heraus etwas entwirft, wird der Entwurf zwangsläufig den Keim seiner eigenen Beschränktheit in sich tragen.

Es gibt jedoch eine Alternative zur direkten, bewußten Anstrengung. Man hat sie auch die *via negativa* genannt. Sie ist der Umgang mit dem Begrenzten, dem Falschen, und seine Wahrnehmung als solches. So kann man beginnen, die Mechanismen der geistigen Vorgänge, in die wir so stark verwickelt sind, zu entwirren. Das ist für mich die Essenz der Meditation.

Dies für sich selbst zu tun und alles zu sehen, was damit zusammenhängt, ist eine wahre Offenbarung und hat eine besondere, befreiende Wirkung. Wir haben niemals erkannt – jedenfalls nicht klar und bewußt –, was wir uns selbst angetan haben, wie wir uns zu Krüppeln gemacht haben, anstatt unserer Mission gerecht zu werden und freie, glückliche Menschen zu sein.

Nisargadatta gibt eine prägnante Beschreibung des Menschen in seinem nicht emanzipierten Zustand: „... wie wenig er sich selbst kennt, wie er die absurdesten Bemerkungen über sich für unumstößliche Wahrheit nimmt. Man sagt ihm, daß er der Körper ist, daß er geboren wurde, sterben wird, Eltern hat, Pflichten. Er lernt zu mögen, was die anderen mögen, und zu fürchten, was die anderen fürchten. Völlig das Geschöpf seiner Herkunft und seiner Gesellschaft, lebt er gemäß seiner Erinnerungen und handelt gemäß seiner Gewohnheiten. Er verschließt die Augen vor sich selbst und seinen wahren Interessen, verfolgt falsche Ziele und ist ständig frustriert. Sein Leben und Sterben sind sinnlos und schmerzhaft, und es scheint keinen Ausweg zu geben."

Folgendes ist geschehen: Weil wir uns unserer wahren Verhältnisse nicht bewußt waren, haben wir unbedacht und unbemerkt zugelassen, daß wir in bestimmten Situationen, Bindungen, Orientierungen, Gedanken- und Handlungsabläufen, Erwartungen und Rollen verankert werden. Folglich wurde unsere leere Mitte, das reine Ichsein, verwandelt in eine Haltung des „Ich bin dies“ und „Ich bin das“ mit sämtlichen damit verbundenen Interessen, die verteidigt werden müssen. So geht die Freiheit verloren.

Das Ergebnis ist, daß das Bewußtsein nicht mehr fließen kann, weil es in einer Vielzahl von Bezügen gefangen ist. Wenn jedoch ein flüssiges Medium auf ein festes stößt, bildet sich eine Grenzschicht. Wenn also die Realität, die immer im Fluß ist, auf ein einzelnes verfestigtes Bewußtsein trifft, entwickelt sich eine gewisse Spannung. Solange alles, wie wir sagen, „gut geht“, ist das nicht weiter störend. Wenn es uns jedoch einmal nicht so „gut geht“, wenn die Dinge nicht mehr so gut in unseren Bezugsrahmen passen, gibt es einen Widerstand, der als peinliche Selbsterkenntnis, Frustration, Konflikt oder Sorgen erfahren wird. Alles Denken versinkt dann in dem Strudel des „gestörten“ Bewußtseins. Wenn es eine vollkommene, fließende Beweglichkeit des Bewußtseins gäbe, könnten auch keine Grenzen und keine gedanklichen Verhärtungen auftreten, und es gäbe nicht einmal ein individuelles, getrenntes Denken.

Ich möchte diese grundlegenden Abläufe anhand einiger alltäglicher Situationen illustrieren. Die Vorstellung des Besitzes, die in Wirklichkeit der Versuch ist, das Leben zu kontrollieren, eine natürliche momentane Beziehung zu etwas Dauerndem zu machen, ist eine selbstfabrizierte fixe Idee, die zu einem mächtigen, zentralen Bezugsrahmen wird, der den Geist festlegt und viel Unglück bringt. Wir *müssen* besitzen, immer mehr und immer bessere Dinge. Folglich geraten wir in immer weitere Bezüge, einer zieht den anderen nach sich: Vergleiche, Neid, Ehrgeiz und so weiter. Wenn in diesen Systemen etwas nicht nach Wunsch läuft, leiden wir unter Frustration, Haßgefühlen, Ärger, Trauer und anderen unangenehmen Gefühlen.

Die Meditiation wirkt in diesem Fall folgendermaßen: Sie prüft die Grundthese „Ich *muß* besitzen". Warum *muß*? Warum *besitzen*? Sie verordnet jedoch kein „Ich darf nicht", sondern geht den verschiedenen widersprüchlichen Konzepten, denen wir gestattet haben, uns in diese unerträglichen Situationen – unerträglich im Lichte der Realität – zu bringen, auf den Grund. Eine solche Meditation ist harte Arbeit, aber sie legt das innere Gewebe des Geistes bloß und räumt das gesamte Bewußtsein auf, so daß nichts übrigbleibt als das Nichts.

Um ein anderes Beispiel zu geben, können wir den Zielen, die wir uns in unserer Karriere gesteckt haben, einmal näher auf den Grund gehen, den Erwartungen an unseren Partner, unsere Kinder, unseren Körper, mit dem wir uns so vollständig identifizieren, ja selbst unseren Fortschritten im spirituellen Bereich. Ganz gleich, ob diese Erwartungen allgemein als realistisch oder unrealistisch gelten, der Punkt ist, daß *alle* Erwartungen, *alle* Ziele, die für uns emotional wichtig sind – weil wir im Grunde in den betreffenden Bereichen vollkommene Kontrolle über unser Leben haben möchten – aus spiritueller Sicht vollkommen unrealistisch sind. Derartige Erwartungen tragen nämlich zur Bildung eines künstlichen „Zentrums" mit körperlichem Bewußtsein bei, das mit anderen künstlichen Bedürfnissen konkurriert, bestimmte Interessen verteidigt, nach Kontinuität strebt und folglich äußerst empfänglich ist für Enttäuschung und Leid. Ein Verstand, der immerzu Dinge erwartet, versucht das Unmögliche: Er will das Unbekannte (Zukunft) zum Bekannten (Gegenwart) machen, Ungewißheit zur Gewißheit – um seiner eigenen Sicherheit willen. Der Mensch kann zwar tun, was er will, jedoch nichts, was gegen ein Naturgesetz verstößt. Solche Versuche, das Unmögliche möglich zu machen, müssen immer teuer bezahlt werden: Die Realität wird sich bald beweisen, und unsere eigene, künstliche, eingebildete Welt wird in Scherben fallen. Ein Zentrum, das spürt, daß es von der Realität nicht *als Zentrum anerkannt* wird, wirkt sich in Form von körperlichem Leiden aus.

Wir müssen daraus schließen, daß letztlich nur das völlige Versiegen aller erwartungsvollen Gedanken ein solches Zentrum auflösen kann. So kompromißlos diese Situation auch sein mag, ist sie doch eine gesunde Basis für den Beginn einer spirituellen Dimension in unserem Leben. Nur wenn der Weg ins Unwirkliche beendet wird, können wir mit der Realität in Harmonie leben. Klar zu sehen, wie der Geist in seinem unablässigen Streben nach Glück sein eigener schlimmster Feind ist, ist wirkliche Meditation.

Die Einzigartigkeit des Maharaj

Gestatten Sie mir zum Schluß einige Bemerkungen über den besonderen Charakter der Lehre des Maharaj. Von allen Lehrern der Upanischaden ist Sri Nisargadatta Maharaj sicher einer der flexibelsten, weil er es verstanden hat, die Lehre in eine Form zu bringen, die zwar für den Schüler leicht zu verstehen ist, dabei jedoch in keiner Weise die Wahrheit und Erhabenheit der spirituellen Themen verwässert oder übersimplifiziert. Nehmen wir zum Beispiel das höchst kontroverse Thema der Wünsche und Begierden. Während viele spirituelle Lehrer selbstbezogene Wünsche in Bausch und Bogen verurteilen, macht der Maharaj einen feinen Unterschied.

> Maharaj: Wünsche sind gut oder schlecht, je nach den Umständen. Es hängt davon ab, wie man sie sieht. Darüber hinaus ist die Unterscheidung in gute und schlechte Wünsche jeweils nur für einen einzelnen Menschen gültig.

Frage: Was sind die Kriterien für eine solche Unterscheidung? Woher soll ich wissen, welche meiner Wünsche richtig und welche falsch sind?

Maharaj: In deinem Fall sind Wünsche, die zu deiner Kümmernis beitragen, falsch und solche, die zu deinem Frohsinn beitragen, richtig. Dabei darfst du jedoch deine Mitmenschen nicht vergessen. Deren Kümmernis und Frohsinn sind ebenso wichtig.

Und was bedeuten Wünsche für den Maharaj persönlich? Hier sein Kommentar: „Du identifizierst dich mit deinen Wünschen und wirst zu ihrem Sklaven. Für mich sind Wünsche ein Ding unter vielen, Wolken, die über den Himmel meines Geistes ziehen. Ich fühle mich keineswegs bemüßigt, ihretwegen zu handeln."

Andere Lehrer haben festgestellt, daß nicht der Wunsch an sich, der sich immer um die eine oder andere Form von Lust dreht, das Hindernis darstellt, sondern die Pflege dieses Wunsches, das Bestehen auf seiner Erfüllung. Es ist unschwer erkennbar, daß es sich dabei um nichts anderes handelt, als um die Identifikation mit dem Wunsch.

Schließlich spielen Wünche als Anziehungskräfte eine wesentliche Rolle im allgemeinen Ablauf der Dinge, wie der Maharaj es so treffend ausgedrückt hat: „... Woher stammen all die mächtigen Anziehungskräfte, die alle erschaffenen Dinge sich aufeinander beziehen lassen und die Menschen einander näherbringen, wenn nicht vom Höchsten selbst? Scheut euch nicht vor Wünschen und Begehrlichkeiten, achtet lediglich darauf, daß sie in die richtigen Kanäle fließen. Ohne Wünsche wärt ihr tot, aber mit niederen Wünschen seid ihr nichts als hungrige Geister." Zeigt sich dieses allgemeine Prinzip der Anziehungs- und Kohäsionskräfte nicht auch auf der materiellen Ebene in Form von Schwerkraft und elektromagnetischen Kräften, die das Sonnensystem ebenso wie die Atome und daher die gesamte Schöpfung zusammenhalten?

Die Vision des Maharaj geht jedoch im allgemeinen weit über die Haarspaltereien hinaus, die unter Theologen so beliebt sind. Zum Beispiel gibt es bestimmte hinduistische Denkrichtungen, die am Prinzip der Dualität festhalten, obwohl der Hinduismus, ebenso wie Vedanta und Buddhismus, auf dem Prinzip des Advaita („Nicht-Zweiheit") basieren. Maharaj beteiligt sich an solchen Kontroversen in keiner Weise. Er vertritt die Ansicht, daß selbst wenn der Advaita der letzte Grund der Wirklichkeit ist, nichts an der Dualität auszusetzen wäre, solange sie nicht die Ursache für Streit und Konflikte wird. Letztlich läuft eine Dualität ohne Uneinigkeit auf dasselbe hinaus wie Non-Dualität: Ihr Ergebnis ist Seligkeit, gleich woher.

Eine der scharfsinnigen Beobachtungen, die der Maharaj über das menschliche Leben gemacht hat, ist, daß wir die Wirklichkeit immer durch den Filter unseres Denkens betrachten und sie so verzerren. Dennoch ist unsere gewöhnliche Wahrnehmung voller Widersprüche. Zum Beispiel sind wir zwar immer bestrebt, uns den Himmel auf Erden zu schaffen, was dabei aber letztlich an Zank und Streit herauskommt, müßte man treffender als Hölle bezeichnen. Dieser Teil der Lehre des Maharaj, nämlich, daß unsere verzerrte Weltsicht immer zu Widersprüchen führt, kann sogar auf das Gebiet der Naturwissenschaften bezogen werden. Man hat herausgefunden, daß bereits die einfachsten Experimente immer wieder paradoxe Ergebnisse hervorbringen, was die Wissenschaftler dazu veranlaßt hat, ihre ursprünglichen Annahmen über das Wesen des Kosmos neu zu überdenken. Nach und nach mußten sie die Vorstellung von separaten Einzelexistenzen in Form von

Partikeln aufgeben. Es scheint mittlerweile so, daß die grundlegende Realität in der Physik aus Ereignissen und Prozessen besteht und daß es nichts gibt, was eine „Identität" besitzt, so, wie wir es in unserem Denken gewohnt sind.

Wie abgehoben die Lehren des Maharaj auch klingen mögen, so blieb er doch stets mit beiden Beinen auf der Erde. Im Gegensatz zur Mehrheit der spirituellen Lehrer war er den Großteil seines Lebens Haushaltsvorstand und Geschäftsmann, was sicherlich zu seiner unkomplizierten Art beigetragen hat. Nehmen wir zum Beispiel seine Position hinsichtlich der Beständigkeit. Absolute Beständigkeit kann von niemandem, nicht einmal von einem Meister, erwartet werden, führte er aus. Als er einmal von einem Besucher wegen einer unbedeutenden, scheinbaren Widersprüchlichkeit in seinem Verhalten zur Rede gestellt wurde, beendete er das Thema folgendermaßen: „Du meinst, daß absolute Beständigkeit möglich ist. Also solltest du sie selbst durch dein Beispiel unter Beweis stellen. Etwas, was du selbst nicht praktizierst, solltest du auch anderen nicht predigen."

Ähnlich äußerte sich der Maharaj über utopische Visionen, wobei er sämtliche Spekulationen von „Weltverbesserern" als das entlarvt, was sie sind: reine Spekulationen, die darüber hinaus völlig irrelevant sind, weil sie jeglicher realen Grundlage entbehren. In diesem Zusammenhang stellt er fest:

> Es gibt die Welt, deine Welt, ja nicht erst seit gestern, und dennoch ist sie noch keinen Deut besser geworden. Natürlich gibt es immer wieder Zeiten der Harmonie und des Friedens, wenn sich Sattva (das reine Sein, die Essenz; Reinheit oder Güte) zu einem Höhepunkt entwickelt. Aber dann werden die Dinge von ihrer eigenen Vollkommenheit

> zerstört. Eine vollkommene Gesellschaft ist immer statisch und wird daher stagnieren und irgendwann völlig zerfallen. Vom Gipfel aus führt jeder Weg abwärts. Gesellschaften sind wie Menschen: sie werden geboren, wachsen bis zu einem bestimmten Punkt relativer Vollkommenheit, zerfallen dann und sterben.

In erster Linie bedeutet das, daß uns im Grunde der Zustand der Welt herzlich wenig angeht und daß es vielmehr darauf ankommt, ins Hier und Jetzt zu gelangen, denn das ist alles, was jemals existieren wird. Wir sollten uns das Konzept einer „spirituellen Evolution" aus dem Kopf schlagen – das bloße Konzept ist ein Widerspruch in sich – und sollten uns lieber dem zuwenden, was *ist*. Evolution, die Vorstellung, daß wir Zeit brauchen, um zur Befreiung zu gelangen, ist ein intellektuelles Täuschungsmanöver, das es uns gestatten soll, in unserem Traum fortzufahren. Evolution hat ihren Platz in der Wissenschaft oder in der Philosophie, aber nicht auf der spirituellen Ebene, auf der Ebene des Geistes, der jenseits von Raum und Zeit existiert.

Die Lehre Nisargadattas ist so vielfältig und umfassend, daß man ganze Bücher mit Erläuterungen ihrer einzigartigen Inhalte füllen könnte. Weitaus lohnender ist es jedoch, den Meister selbst sprechen zu lassen und sich den Aphorismen im zweiten Teil zuzuwenden.

Zu ganz besonderem Dank bin ich Mr. Milo Clark aus La Jolla, Kalifornien, verpflichtet, der mir die Genehmigung zum Abdruck des folgenden Berichtes über seine Begegnung mit Nisargadatta erteilt hat. 1978/79 verbrachte Mr. Clark mehr als einen Monat mit dem Maharaj in Bombay. Während dieser Zeit machte er genaue Aufzeichnungen über seine Beobachtungen. Selbst wenn man gelegentlich den Eindruck haben kann, daß im Vergleich zur Erhabenheit der Lehre Nisargadattas sein alltägliches Leben geradezu trivial erscheint, halte ich diese ausführlichen und lebendigen Schilderungen der unmittelbaren Umgebung des Maharaj für durchaus gerechtfertigt.

Ein Tag mit dem Maharaj

„Maharaj" war für mich immer die Bezeichnung eines indischen Herrschers, bis ich einen Mann traf, der diesen Titel in einer spirituellen Erbfolge trug.* In diesem Fall beinhaltete der Herrscherstatus kein weltliches Fürstentum, keine großen Ländereien und keinen weltlichen Herrschaftsbereich. Die Lebensumstände des Maharaj sind im Gegenteil sehr bescheiden, obgleich es ihm an nichts mangelt. Seine gesamte Habe beschränkt sich auf einen Raum, nicht viel größer als drei mal viereinhalb Meter, der zahlreiche Gegenstände enthält, die auf seine Identität als Sri Nisargadatta Maharaj hindeuten. Sein Ruhm hat ihm nichts weiter eingebracht als eine Reihe von Dingen, die ihm nichts bedeuten und die er erhalten hat, ohne darum gebeten zu haben. Ebenso wie alle anderen Bewohner des Vanmali Bhavan (so heißt das Gebäude in der Tenth Lane des Khetwadi Districts in Bombay, in dem der Maharaj mit seiner Familie lebte) muß er täglich über den langen Flur zum anderen Ende des Hauses laufen, um die Gemeinschaftstoilette aufzusuchen. Mit einem schelmischen Lächeln, das nur selten in seinem Blick fehlt, macht er sich gern über den Rummel lustig, der um Gurus ge-

* Die *Navnath Sampradaya* ist eine Reihe von Gurus, die seit Jahrhunderten existiert. Sie geht zurück auf den legendären Rishi Dattatreya. Die letzten neun Rishis in der Reihe haben alle bestimmte Wesenszüge gemeinsam: Sie waren Familienväter, Bauern und Händler. Der vorläufig letzte war Sri Nisargadatta Maharaj. (R. P.)

macht wird, und weist auf die Tücken hin, die mit solchem Personenkult verbunden sind. Mit weit ausladender Handbewegung sagt er, daß er, wenn er über die Straße gehe, nichts weiter sei als ein alter Mann, der seinen Spaziergang mache. Niemand spreche ihn an, und er könne getrost seines Weges gehen.

Der „Maharaj", wie er von den meisten westlichen Besuchern genannt wird, hält einen großen Teil des Tages und des Abends in seinem kleinen Zimmer hof. Eine kleine, klapprige Bodentreppe führt zu seiner Kammer. Am Ende der Leiter sitzt er dann, morgens zur rechten und tagsüber zur linken Seite. Gewöhnlich berührt man mit der Stirn den Boden, wenn man sich einem spirituellen Meister der Hindu-Tradition nähert, aus Respekt vor dem ehrwürdigen Hüter der Tradition. Angesichts des begrenzten Raumes und der Tatsache, daß der Maharaj unmittelbar über der Treppe sitzt, bedarf es eines äußerst umständlichen Rituals, um diese Geste einigermaßen graziös und ansehnlich zu vollbringen. Der Besucher lernt, mit seinen Beinen auf der Treppe stehenzubleiben und die Verbeugung mit dem Aufstieg zu kombinieren. Alles andere würde ein Rückgrat von der Beweglichkeit eines Regenwurmes erfordern.

Der Raum ist nicht höher als einen Meter achtzig. Er ist vor vielen Jahren entstanden, als man das vordere der beiden Zimmer horizontal in zwei Hälften teilte. Es gibt zahlreiche Gelegenheiten, sich den Kopf zu stoßen. Ein schwerer Balken in der Mitte, mindestens fünfzehn Zentimeter dick, ist mit drei schweren Haken versehen, an denen während der Zeremonien große Glocken hängen. Auf der der Tenth Lane zugewandten Seite des Balkens ist eine zwei Zentimeter dicke Metallstange angebracht, die von einem Ende des Raumes zum anderen reicht. Am östlichen Ende der Stange, in Richtung Außenwand des Vanmali Bhavan, hängt eine schwere Messingglocke von etwa zwanzig Zentimetern Durchmesser, die der Stolz eines jeden Jachtbesitzers wäre. Wir werden später noch darauf zu sprechen kommen.

Ich weiß nicht, wie lange der Maharaj schon in diesen Räumlichkeiten wohnt. Möglicherweise lebt er dort bereits seit fünfzig Jahren, denn im Erdgeschoß desselben Hauses befindet sich auch sein Beedie-Laden. Bis zu seiner Erleuchtung und, soviel ich weiß, auch noch eine Weile danach, führte Nisargadatta diesen Laden selbst. Jetzt hat sein Sohn ihn übernommen. Beedies sind sehr starke indische Zigaretten. Sie werden hergestellt, indem man einige Tabakkrümel in ein kleines Tabakblatt rollt, das anschließend mit einem farbigen Faden an einer Seite zusammengebunden wird. Um sein früheres Gewerbe zu ehren oder Zeugnis von der suchterzeugenden Wirkung des Tabaks abzulegen, ist der Maharaj Kettenraucher der teuflischen kleinen Dinger. Es wird behauptet, daß er noch heute gelegentlich beim Rollen von Beedies aushilft.

Als ich den Maharaj auf sein Alter ansprach, antwortete er mir, daß er bereits seit zweiundachtzig Jahren unter seinem Körper leide. Er sagt dies, wenn man den Übersetzungen aus seiner Muttersprache Maharathi glauben darf, immer, lächelt dabei aber vielsagend und zieht eine Augenbraue hoch, wodurch man den Eindruck hat, daß es allzu schlimm eigentlich nicht sein kann.

Der Raum hat eine gewisse Patina, aber auch einen Glanz, der durch das ständige Putzen und Reiben der Gegenstände entstanden ist. Der Boden ist von einer Teppichkollektion bedeckt, die an den Verkaufsraum eines Second-Hand-Ladens erinnert. Ich vermute allerdings, daß einigen Teppichhändlern beim Anblick gewisser Stücke aus dieser Sammlung die Augen übergehen würden. Das Licht fällt durch zwei niedrige

Fenster in den Raum, eines nach Süden zur Tenth Lane und das andere nach Osten. Letzteres gibt den Blick auf eine enge Gasse zwischen zwei Gebäuden frei. Man sieht ein durchgerostetes Wellblechdach, das vom gegenüberliegenden Haus heruntergefallen ist, zerfallendes Mauerwerk sowie diverse Gerüstteile, geschmückt mit alten Stoffetzen unbekannter Herkunft und Funktion. Die Fenster sind von innen mit einem schweren Eisengeflecht versehen, das wie die Wände, von denen nur wenige freie Stellen zu sehen sind, in einem unansehnlichen sterilen Grün gestrichen ist. Etwa einen Meter in den Raum hinein hängen zu beiden Seiten des Zimmers zwei offenbar alte, einstmals prächtige, mittlerweile jedoch an verschiedenen Stellen erblindete Spiegel. Wenn man sich genau an die richtige Stelle im Raum begibt, kann man sich unendlich viele Male in den Spiegeln reflektiert sehen. An der gegenüberliegenden Stirnwand des Raumes befindet sich eine Kommode mit Schubladen, die überquellen von wichtig aussehenden Gegenständen, sowie zahlreichen geheimen Nischen, die neben zeremoniellen Werkzeugen die persönlichen Artikel des Maharaj enthalten. Zu beiden Seiten der Kommode und über den niedrigen Fenstern liegen mehrere Kissen, eine Rückenlehne und zwei zusammengefaltete, mit Samt eingefaßte Tierhäute. Während meiner Besuche habe ich diese niemals in Gebrauch gesehen, aber ich nehme an, daß sie anläßlich der spätabendlichen Sitzungen gebraucht werden, die überwiegend von den indischen Anhängern des Maharaj besucht und ausschließlich in Maharathi, ohne Simultanübersetzung, durchgeführt werden.

Auf der Kommode befindet sich ein unerwartet reich geschmückter Altar vor einem großen, in Silber gerahmten Porträt eines offenbar wichtigen, ernst dreinschauenden Inders in westlich anmutender, reich dekorierter Uniform. Ich vermute, daß es sich dabei um einen Amtsvorgänger des Maharaj handelt. Der Altar selbst besteht aus zahlreichen silbernen Reliefornamenten verschiedener Größe und Form. Eine kleine Flamme brennt kontinuierlich in einem großen Ständer mitten vor dem Bild. Zwei eindrucksvolle Löwen halten Wache zu beiden Seiten des Altars, und um den Rahmen sind schwere Vorhänge drapiert. Der Sockel und die Ständer sind aus reich verziertem Silber in verschlungenen Mustern. Zweifellos hat dieser Altar für die regelmäßigen Teilnehmer an den Zusammenkünften mit dem Maharaj eine große Bedeutung.

Nicht zu übersehen sind die beiden stattlichen Porträts des gegenwärtigen Maharaj in Öl. Eines hängt auf der Innenseite des erwähnten Altars, das zweite an der westlichen Wand zwischen dem Spiegel und dem Eingang. Auf der anderen Seite des Raumes türmt sich ein Berg von Kissen. Auf dem Schrank und darüber befindet sich eine Sammlung gerahmter Gruppen- und Einzelporträts, zumeist Photographien verschiedener Jahrgänge. Darunter erkannte ich einige, die wahrscheinlich den Maharaj zeigen, und eins von Ramana Maharshi. Ein anderes Bild, eher eine Zeichnung als eine Photographie, scheint Babaji zu zeigen, den Avatar, der Yogananda, dem Gründer der Self-Realization Fellowship, so viel bedeutete. Die anderen waren mir unbekannt und reichten von einigen Gestalten in aufwendigen Kleidern, ähnlich dem vornehmen Herrn über dem Altar, bis zu anderen, die ein einfaches Lendentuch trugen und in verschiedenen yogischen Haltungen posierten, mit einem im Samadhi entrückten Gesichtsausdruck oder in der Haltung vollkommener spiritueller Ruhe. Als ich es in einer Gesprächspause wagte, den Übersetzer zu fragen, wen einige der Darstellungen repräsentieren sollen, erhob Maharaj (der angeblich überhaupt kein Englisch sprach) seinen Zeigefinger, schaute mich mit einem düsteren, sehr wichtigen Blick an und ließ einen Schwall Worte los, die folgendermaßen übersetzt wurden: „Wenn du weißt, wer *du* bist, dann weißt du auch, wer *sie* sind.“ Unmittelbar darauf änderte sich sein Gesichtsausdruck wieder – die Stimmung wechselt bei ihm immer sehr schnell –, und auf seinem Gesicht erschien ein gütiges Lächeln, das mich an das des Weihnachtsmannes erinnerte, wenn er reich beschenkte und zufriedene Kinder sieht.

Wenn man einen in Messing gefaßten Klingelknopf drückt, ertönt in den unteren Wohnräumen ein Signal. Zu Beginn der *Bhajans* (Zeremonien mit meditativen Gesängen) schreitet der Maharaj in großen Schritten durch den Raum und schlägt mit enormer Vehemenz zwei Zimbeln aneinander. Immer wieder starrt er auf die Treppe, in der Erwartung, daß sich ein Familienmitglied an der Zeremonie beteiligt. Das ist jedoch äußerst selten der Fall. Der Maharaj blickt daher düster, geht zur Klingel und klingelt Sturm. Manchmal kommt seine Tochter herauf und beteiligt sich, worauf der Maharaj sich zufrieden wieder seiner intensiven Konzentration und seinen Zimbeln widmen kann.

Der Raum ist gleichzeitig das Schlafzimmer des Maharaj. Der Kissenberg in der östlichen Ecke verbirgt das Bettgestell und das Bettzeug, das von seiner Tochter für die nachmittägliche Ruhestunde und den Nachtschlaf hervorgeholt und hergerichtet wird, auf den zwei etwa zwanzig Zentimeter tiefen Fensterbänken (die Dicke der Wände) stehen Blumenvasen, Wasserkrüge, Metallständer, Tabletts und Aschenbecher. Die endlose Folge von Beedies, die der Maharaj konsumiert, kommt aus einer kleinen silberverzierten Schachtel, die er immer bei sich trägt. Die silbernen Beschläge sind bereits so abgegriffen, daß an einigen Stellen das Holz zum Vorschein kommt. Zum Anzünden der Beedies verwendet er ein altes Tisch-Gasfeuerzeug, das ihm einmal von einem Bewunderer geschenkt wurde. Auf beinahe kindliche Weise zeigt er sich von der Funktion des Feuerzeuges fasziniert, aber gleichzeitig völlig entspannt und gleichmütig. Obgleich ich mich in der angeblich besseren Jahreszeit in Bombay befand, war die Luft während meines Besuches meist so schlecht, daß man in Los Angeles längst Smogalarm Stufe Zwei ausgerufen hätte. Sorgfältig achtet der Maharaj darauf, daß mindestens zehn Räucherstäbchen gleichzeitig in seinem Raum brennen. Zu besonderen Gelegenheiten außerhalb der Vorträge – Bhajans, Lesungen. *Puja* (Andacht) – wird noch weiteres Räucherwerk vor dem Altar und an anderen Stellen des Raumes aufgestellt. Und als ob das noch nicht genug wäre, findet mindestens dreimal täglich ein Ritual statt, bei dem Kampfer verbrannt wird. All das trägt zu der erwähnten Patina auf den Gegenständen bei, die regelmäßig abgerieben wird, und führt selbstverständlich dazu, daß der stechende Geruch der allgegenwärtigen Beedies noch übertönt wird.

Der Tagesablauf des Maharaj beginnt sehr früh mit orthodoxen Hindu-Zeremonien, die vorwiegend von seinen indischen Anhängern besucht werden. Etwa um acht Uhr morgens beaufsichtigt er eine Meditationssitzung von etwa einer Stunde Länge. Anschließend finden die ersten Bhajans des Tages statt. Frauen und Männer werden durch unsichtbare Grenzen voneinander getrennt, die der Maharaj bei jeder Gelegenheit gebieterisch und mit großer Geste festlegt, solange, bis jeder im Raum nach seinen Wünschen plaziert ist. Der Raum ist sein ureigenstes Territorium, und niemand darf das vergessen. Im Laufe der Zeit wird jedoch klar, daß er die Regeln häufig ändert, je nachdem, wie der Anlaß es seiner Ansicht nach erfordert.

Die Bhajans beginnen mit einer Auswahl aus einem kleinen Buch in Hindi oder Maharathi. Ich hatte den Rhythmus vorher bereits gehört und erkannte gelegentlich bekannte Phrasen, so daß ich in die Gesänge einstimmen konnte. Als nächstes gibt es einige Lesungen, erst aus einem sehr dicken alten, in Leder gebundenen Buch, dann aus einem etwas kleineren und schließlich aus einem kleinen, ziemlich dünnen Taschenbuch, das an ein Lehrbuch aus der Grundschule erinnert. Die Lesungen haben einen sehr angenehmen Klang, und ihre Absicht wird deutlich, selbst wenn man die Worte nicht versteht. Nach den Lesungen wird mehr gesungen. Während des Singens stehen die Frauen zusammen im hinteren Teil des Raumes und singen aus dem Gedächtnis. Sie haben weder Zugang zu den Büchern, noch dürfen sie die eindrucksvolle Sammlung von Zimbeln schlagen, die aus einer Kiste geholt und an die Männer verteilt werden.

Bhajans mit dem Maharaj sind sehr eindrucksvoll. Man stelle sich den kleinen Raum mit seinen niedrigen verrauchten Decken und den zwanzig Zentimter dicken Wänden vor, vollgestopft mit laut singenden und heftig zimbeln- und glockenschlagenden Menschen. Die anschwellende Lautstärke in dem Raum bewirkt ein ganz elementares Geschehen. Man erinnere sich an die große Glocke am Mittelbalken und die drei großen Haken. Während der Bhajans wird an einen dieser Haken eine noch viel größere Messingglocke gehängt, und aus der Kiste werden riesige Messingtabletts hervorgeholt, die mit großen Klöppeln während des Rituals angeschlagen werden, was den Geräuschpegel noch erheblich ansteigen läßt.

Das Ritual kann beginnen. Singen, Handzimbeln – der Rhythmus wird von einigen indischen Schülern vorgegeben und vom Maharaj, der die größten Zimbeln hält, akzentuiert. Nachdem man sich durch eine Vielzahl komplizierter Verse gearbeitet hat, unterbrochen von gelegentlichen Ausrufen: *„Jai Guru!“* („Heil dem Guru!“), hilft ein Teilnehmer dem Maharaj, die größten Zimbeln gegen noch größere auszutauschen. Gleichzeitig wird die große Glocke aufgehängt, und zwei auserwählte Schüler dürfen sich mit großem Enthusiasmus daranmachen, ein Geläut in Gang zu setzen, das durchaus geeignet wäre, einen Ozeandampfer durch den dicksten Nebel zu geleiten. Zahlreiche weitere Gongs und Schlagwerke tragen noch zu der wundersamen Kakophonie bei. Irgend etwas scheint mitten in meinem Kopf zu explodieren, und eine Rakete geht ab. Der Höhepunkt von Beethovens Neunter, selbst wenn sie auf maximaler Lautstärke gespielt wird, kann dieser dreimal täglich vollführten Klangorgie in dem winzigen Raum des Maharaj kaum das Wasser reichen.

Es gibt natürlich auch andere, weniger spektakuläre Momente mit dem Maharaj. Die Vorträge beginnen oft mit dem drohenden Fingerzeig auf einen ahnungslosen Schüler. Zuerst muß jedoch der Raum wieder aufgeräumt werden, was zwischen den einzelnen Sitzungen jeweils beträchtliche Zeit in Anspruch nimmt. Am Morgen wird der Fußboden vollständig leergeräumt bis auf eine große Blumenvase im vorderen Drittel des Raumes, dem Areal der Männer. Vor dem hinteren Seitenfenster wird ein silberner Ständer mit einem Lesepult und einigen anderen Dingen aufgestellt. Der Lesende sitzt auf einer niedrigen silbernen Plattform zwischen dem Bücherregal und dem Tisch mit dem Lesepult. Die sieben Ständer für das Räucherwerk und die dazugehörigen Tabletts stehen ebenfalls auf dem Tisch.

In der Anfangsphase des morgendlichen Bhajans geht der Maharaj oft nach unten, um die Zeitung zu lesen oder Dinge zu erledigen, die ihn während der Lesungen beschäftigen. Wenn er zurückkehrt, räumt er auf dem Altar herum, kürzt die Dochte der Öllampen, und richtet dies und das, bis alles zu seiner Zufriedenheit ist. Wenn die Zeit gekommen ist, geht er hinüber zur Klingel über der Falltür und betätigt sie viermal laut. Dann geht er quer durch den Raum zurück, nimmt einen Satz kleinerer Zimbeln und stimmt in die Geräuschkulisse ein.

Falls ein Besucher eine Blumengirlande für ihn gebracht hat, ist nun die Zeit, sie zu präsentieren. Gelegentlich legt auch jemand Blumen zwischen seine Zehen, küßt oder berührt seine Füße in einer klassischen hinduistischen Demutsgeste. Der Maharaj läßt dann alles mit einem leicht pikierten Ausdruck über sich ergehen. Gelegentlich hat er betont, daß er die orthodoxen hinduistischen Rituale nur entgegennimmt, weil es so Sitte ist und er der Tradition angehört. Die Girlanden werden gewöhnlich sofort wieder abgenommen und, mit einer Geste, die anzeigt, welches der beiden Porträts damit geschmückt werden soll, einem der Gefolgsleute übergeben. Erst wenn dies getan ist, kann mit den Bhajans fortgefahren werden.

Nach den morgendlichen Bhajans gibt es eine halbstündige Pause, um den Raum für den Vormittagsdiskurs herzurichten. Der erste Vortrag des Tages ist eine Stunde mit Belehrungen, Fragen und Antworten, Erklärungen und praktischen Hinweisen. Während dieser Zeit versammeln sich die Besucher aus dem Westen in dem Tea-Shop an der Ecke, um *Chai* zu sich zu nehmen, den indischen Zaubertrank, der aus den Abfällen der Tee-Ernte, Milch und großzügigen Mengen von Zucker besteht. Wenn wir dann wieder zurückkehren, ist der Fußboden bereits gekehrt, und der Maharaj sitzt in der morgendlichen Position unter dem Spiegel vor der Innenwand mit dem Gesicht nach Osten, nur einen Schritt von der Falltür entfernt, durch die die Besucher während der Diskurse kommen und gehen. Der Übersetzer sitzt in der Regel direkt neben ihm, noch näher am Eingang. Wenn dann die Frauen auf der östlichen und die Männer auf der westlichen Seite (oder umgekehrt) Platz genommen haben, beginnt der Diskurs. Der Zeigefinger ist erhoben.

Die Botschaft des Maharaj ist immer dieselbe. Er sagt, daß er und Krishna ein und dieselbe Person sind. Das bedeutet nichts anderes, als daß alles, was er zu sagen hat, bereits unzählige Male auf unzählig viele Arten gesagt, interpretiert, analysiert und kommentiert worden ist, weitaus öfter, als der Verstand eines einzelnen zu begreifen in der Lage wäre. Erst wenn die Spiele des Verstandes zum Stillstand gekommen sind und man sich ganz ergeben hat, kann man alles wissen, was man wissen muß. Obwohl die Botschaft immer dieselbe ist, ist der Weg dahin immer anders und richtet sich nach der Person, die für das Spiel des Augenblicks ausgewählt wurde. Der Maharaj hat großes Vergnügen an dem Spiel mit Worten, Persönlichkeiten und Sprachen. Er ist sehr lebhaft und spricht in der Regel sehr schnell. Gelegentlich hält er sehr lange Reden. Seine Gestik ist aktiv, er zeigt auf Dinge, springt auf und setzt sich wieder hin, schneidet Grimassen, gluckst vergnügt, räuspert sich lautstark, regt sich auf, hustet oder ergreift einen Gegenstand in seiner Nähe, um etwas deutlich zu machen. Sein Ausdrucksrepertoire und sein Trickreichtum scheinen unermeßlich.

Die Übersetzer sind von sehr unterschiedlicher Qualität. Am besten konnte ich zwei Übersetzer verstehen, einen Mann und eine Frau, die über eine ungewöhnlich vielseitige Ausdrucksskala sowohl im britischen als auch im amerikanischen Idiom verfügten. Einige andere Übersetzer sprachen ausschließlich in der indischen

Variante der englischen Sprache. Es ist deutlich erkennbar, daß es unter den Übersetzern eine strikte Hierarchie gibt. Den beiden sprachlich kompetentesten Übersetzern gewährt Nisargadatta auch sonst die größten Freiheiten in der Interpretation seiner Aussagen. Andere werden häufig von ihm kritisiert und kommentiert. Dabei wird deutlich, daß er durchaus Englisch versteht, obwohl er sich strikt weigert, auch nur ein Wort in dieser Sprache zu sprechen. Der internationale Charakter der Zusammenkünfte im Raum des Maharaj führt zu häufigen Ausflügen in verschiedene Muttersprachen. Eine Bemerkung kann vom Maharati über das Englische, das Französische, das Italienische bis zum Polnischen gehen. Gelegentlich ergeben sich auch lange Zwiegespräche in einzelnen Sprachen, die dann nicht übersetzt, sondern nur zusammengefaßt werden.

Die ländliche Erziehung und die Jahre, die der heranwachsende Maharaj als Beedie-Verkäufer verbrachte, haben seine Sprache – wie mir im Vertrauen gesagt wurde – in einer drastischen, bisweilen sogar ordinären Weise geprägt. Ein Augenzwinkern des Maharaj und ein Erröten des Übersetzers deuten an, daß die eben gefallene Bemerkung recht anzüglich gewesen sein muß. Der Übersetzer verschluckt sich fast, und man merkt, wie sein Verstand fieberhaft arbeitet, um die Bemerkung irgendwie zu säubern, bevor er sie weitergibt. Die unkomplizierte Art von Nisargadatta erinnert an den Kontrast zwischen dem ultra-puritanischen Krishnabild im gegenwärtigen Hinduismus und den Geschichten von Ausgelassenheit und sinnlicher Hingabe aus der früheren hinduistischen Tradition. Schließlich, so sagt Nisargadatta mit einem schelmischen Zwinkern, sind Krishna und er ein und dieselbe Person.

Der Maharaj hat einen großartigen Sinn für Humor und Sprachwitz. Sein beinahe zahnloser Mund lacht auf und verschließt sich schon einen Moment später wieder zu einem düsteren, ernsten Blick. Er schneidet mehr Gesichter als ein Pantomime. Er kann sehr geduldig mit Menschen arbeiten, die offenbar gleichzeitig taubstumm und blind sind, was sich im Fall einer Amerikanerin zeigte, die ausführliche Kommentare über Feinheiten der Sanskrit-Schriften zu erhalten wünschte. Fast jeder ihrer Sätze begann mit: „Ja, aber..." Er beschäftigte sich eine lange Zeit mit ihr, folgte jeder ihrer weitschweifigen Ausführungen und kam immer wieder auf einen einzigen einfachen Gedanken zu sprechen, der das Wesen seiner Lehre bildete. Anderen schneidet er sofort das Wort ab, wenn ihm die Antwort nicht gefällt. Während meiner ersten Tage mit ihm fragte er mich häufig, ob ich irgendwelche Fragen hätte. Einmal sagte er, ich solle mit ihm „Feuerstein und Lunte" spielen, weil nur aus einer Reibung ein Funke entstehen könne und er Funken möge.

Es ist sehr aufschlußreich zu beobachten, wie er Menschen behandelt, die zum erstenmal zu ihm kommen. Immer wenn ein neues Gesicht in der Luke erscheint, fragt er, was die Person Neues mitbringe. Die Antworten sind natürlich völlig unterschiedlich, enthalten jedoch meistens eine Variante der Redewendung: „Ich bin gekommen, um Sie zu sehen..." Die Antwort kommt dann wie aus der Pistole geschossen: „Jetzt haben Sie mich gesehen, dann können Sie ja wieder gehen." Anderen sagt er, daß sie solange bleiben sollen, bis er ihnen sagt, daß sie wieder gehen sollen. Wieder andere werden gebeten, zwei, fünf, fünfzehn oder eine andere Anzahl von Tagen zu bleiben. Als sich mein unbegrenzter Aufenthalt immer länger ausdehnte, fand ich zwischen Altar und Kommode einen Platz und richtete mich dort auf die Meditation über „Alles ist das Selbst, und ich bin Es" ein. Ich achtete immer weniger auf die Übersetzung und immer mehr auf das eigentliche Wesen des Maharaj. Hin und wieder rüttelte er mich wach, indem er mich in die Mangel nahm und bestimmte Dinge mit mir klärte. Täglich las ich in der *Bhagavadgita*. Immer wieder sprach er mich direkt auf die Verse an, die ich im Laufe des Tages gelesen hatte. Anderen Besuchern ging es ebenso, und sie wurden auf die Dinge angesprochen, an denen sie gerade arbeiteten.

Tagein, tagaus und Jahr für Jahr folgt der Maharaj einem festen Tagesablauf, der ihn von früh morgens bis spät am Abend in den Dienst seiner Lehre stellt. Unser Weihnachtsabend 1978 jedoch war völlig anders und paßte trotzdem in seinen Kontext. Insgesamt war es ein offenes, relativ unstrukturiertes Ereignis. Nur wenige indische Anhänger waren anwesend. Dann war da noch Jenny aus Australien, die die letzten fünf Jahre überwiegend in England verbracht hatte, Jean aus Frankreich, ich selbst, ein jüngeres Pärchen aus Indien, das sich in Gegenwart des Maharaj sehr wohlfühlte, ein älterer, redseliger indischer Gentleman und ein anderer älterer Inder, den ich den „Hüter des Glaubens“ nannte. Der jüngere Inder fungierte mit Unterstützung seiner Frau, in die der Maharaj eindeutig vernarrt war, als Übersetzer, wobei sie gelegentlich heftig von dem älteren, geschwätzigen Inder unterbrochen wurden.

Die Sitzung war noch nicht lange im Gange, als eine Gruppe von Indern, zwei Pärchen und ein kleiner Junge, dazukamen. Sie waren noch nie dagewesen und kamen anscheinend gerade vom Einkaufen. Der kleine Junge verhielt sich auch wie ein solcher, ohne jedoch aufdringlich zu sein, und der Übersetzer schlug vor, ihn nach unten zu schicken. Kurz darauf schickte sich die ganze Gruppe an, mit den üblichen Verbeugungen, Fußberührungen und so weiter den Raum wieder zu verlassen. Der Maharaj hatte offenbar Schwierigkeiten, dieses

Verhalten zu akzeptieren. Die Männer wühlten in ihren Taschen, um Geld zu finden, das sie dalassen könnten. Nachdem sie herausgefunden hatten, was sie für angemessen hielten, boten sie dem Maharaj ein Bündel kleine Scheine an. Dieser schaute nur finster, winkte ablehnend, nahm das Geld und warf es ihnen vor die Füße. Einen Augenblick lang wußte niemand recht, was los war, und die Besucher blickten ungläubig drein. Der Übersetzer klärte die Lage, indem er erläuterte, daß der Maharaj niemals Geld von Menschen nehmen würde, die einfach nur da waren. Die Besucher nahmen ihr Geld wieder an sich und verließen irritiert den Raum.

Anschließend herrschte eine vollkommen andere Stimmung im Raum. Der noch ziemlich junge Übersetzer schien das volle Vertrauen des Maharaj zu genießen, und seine schöne Frau (eine Inkarnation von Radha) war offensichtlich sein Liebling. Beide konnten freizügig Kommentare und Interpretationen abgeben, ohne daß sie unterbrochen worden wären. Die Diskussion wandelte sich, Frage und Antwort zwischen dem Maharaj und einzelnen Teilnehmern machte einem offenen Austausch innerhalb der Gruppe Platz, der mit offensichtlichem Vergnügen vom Maharaj geleitet wurde. Jean tat sein Bestes, um aus dem Französischen über das Englische bis zum Maharathi vorzudringen. Jenny und ich schlugen französische Begriffe vor, und Maharaj wählte die passendsten aus. Er machte sich einen Spaß daraus, eine ganze Kette von Worten hervorzusprudeln, um dann einen von uns auszusuchen, der (ohne die Hilfe des Übersetzers) die einzelnen Begriffe ins Englische oder Französische übersetzte und sie dann pantomimisch darstellte. Die Zeit verging wie im Fluge, und der ältere der beiden Inder verwickelte sich in ein aufgeregtes Gespräch mit Jean. Sie gestikulierten, redeten in indischem Englisch (offenbar eine völlig eigenständige Sprache) aufeinander ein, lachten und umarmten sich. Alle beteiligten sich, und der Maharaj hatte seine helle Freude an dem lebendigen Gespräch. In der Zwischenzeit wurde der „Hüter des Glaubens" schon ungeduldig, weil es Zeit für die Bhajans war. Der Maharaj jedoch ignorierte hartnäckig seine Hinweise. Ich hatte geplant, am nächsten Morgen nach Madras zu reisen, nicht wissend, daß ich schon vier Tage später wieder zurück sein würde, für einen zweiten, noch längeren Besuch beim Maharaj. Ich sagte dem Übersetzer, daß ich die großen Schiffsglocken sehr bewundere und in meiner Heimat selbst Glocken sammle.

Später, als der „Hüter des Glaubens" sich durchsetzte und eine kleine Gruppe mit den Bhajans begann, veränderte sich die Stimmung im Raum nochmals völlig. Jean, der sich normalerweise bei den Bhajans zurückhielt, stimmte kräftig ein, und der Maharaj bestimmte gemeinsam mit ihm den Grundrhythmus. Wir fingen richtig an zu swingen. Der „Hüter des Glaubens" verzog das Gesicht, ordnete sich aber schließlich unter. Als es Zeit war, die Glocke zu läuten, wies mir Maharaj die größere der beiden Messingglocken zu. Der „Hüter des Glaubens" war schockiert, aber unter seiner Führung an der anderen Glocke erreichten wir einen wunderbaren harmonischen Rhythmus, den auch er voll genießen konnte. Wir führten an jenem Abend zwei Bhajans durch, und nach diesem Erlebnis werde ich niemals mehr ein Problem haben, in *Bhakti Ananda* (hingebungsvolle Seligkeit) zu versinken.

Eine weitere Begebenheit an jenem Abend sagt ebenfalls sehr viel über den Maharaj aus. Während meines ersten Besuches entwickelte ich die Angewohnheit, auf meinem Weg zur Tenth Lane an einem Marktstand anzuhalten, um einige Früchte oder Blumen als Gastgeschenk mitzubringen. Ich entsprach damit meinem Verständnis der hinduistischen Tradition, nach dem man einen Guru mit Blumen ehrt und etwas als *Prasad* oder Opfergabe mitbringt. Der Raum war ständig voller Girlanden und Blumen, und ich nahm an, daß die Gäste gern kleine Gaben mitbringen. Nisargadatta nimmt gewöhnlich die Blumen entgegen, macht ein paar abfällige Bemerkungen darüber und übergibt sie dann seiner Tochter oder einem der anwesenden indischen Gäste, um sie in irgendeine bestimmte Vase zu stecken oder an eine bestimmte Stelle zu legen. Die Logik dieses Vorgehens habe ich niemals ganz begriffen, wenn es eine solche überhaupt geben sollte. Für die abendliche Zusammenkunft am Weihnachtsabend, von der ich dachte, daß sie mein letztes Treffen mit ihm sein würde, schaute ich mich nach etwas Persönlicherem um, was ich als Geschenk mitbringen könnte. Mir fiel ein kleines ausgestopftes Herz in die Hände, das mir ein lieber Freund als Weihnachtsgeschenk nach Indien geschickt und das mich tief bewegt hatte. Ich war mir sicher, daß der Absender es ebenso gern dem Maharaj geschenkt hätte wie mir. Ich gab mich keineswegs der Illusion hin, daß es für den Maharaj persönlich etwas bedeuten würde, für mich jedoch war es wichtig. Ich wollte kein großes Aufhebens darum machen und es beim Weggehen unauffällig abgeben. Außerdem brachte ich einige Süßigkeiten als Prasad.

Als ich ankam, war noch niemand da. Wir waren allein im Raum. Ich überreichte ihm die Süßigkeiten als Prasad und dann das Herz. Er nahm beides entgegen und fragte mich in Zeichensprache, ob die Süßigkeiten als Prasad gemeint seien, was ich bejahte. Das Herz schaute er sich von allen Seiten an, drückte es ein bißchen und legte es dann auf den kleinen Tisch neben die Beedieschachtel und das Feuerzeug. Später, als das indische Pärchen zum Übersetzen eingetroffen war, nahm er das Herz in die Hand und ließ sich ausführlich auf Maharathi darüber aus. Es wurde folgendermaßen übersetzt: „Er fragt: Was ist das?“ Ich erwiderte: „Es ist nichts weiter als ein herzförmiger Gegenstand.“ Rhadas Inkarnation fragte: „Ist es deins?“ und ich antwortete: „Ja.“ Sie erläuterte dann, daß für den Maharaj alle Dinge, die ihm entgegengebracht werden, dieselbe Bedeutung haben, er aber weiß, daß dies für den Geber durchaus nicht immer auch so ist. Wenn es dem Geber gelingt, seinen Gaben gegenüber dieselbe Gleichmut zu entwickeln wie der Maharaj, dann ist er damit näher an der Erkenntnis des „Ich-bin“-Bewußtseins. Ich hatte verstanden.

Es gibt da noch eine vorlaute kleine Dame, so um die acht Jahre alt, Nisargadattas Enkelin. Immer wenn sie heraufkommt, beginnen seine Augen zu leuchten. Sie erteilt ihm gern Befehle und schickt ihn hierhin und dorthin, er läßt sich alles gefallen und macht ein eigenes, besonderes Spiel daraus. Einmal, als sie ihren Kopf durch die Falltür steckte, rief er sie herbei und gab ihr das Herz, das ihr offenbar sehr gut gefiel. So schloß sich der Kreis, und ich konnte zufrieden sein.

Wie erwähnt, war mir bei meiner Abreise nicht klar, daß ich schon bald zurück sein würde. Während des zweiten, wesentlich längeren Aufenthaltes hörte ich auf, meine Aufmerksamkeit auf Begriffe zu lenken oder die übersetzten Worte symbolisch zu sehen. Ich stimmte mich einfach ein, die Gedanken bildeten sich und zogen vorüber, wie es ihnen paßte. Von Zeit zu Zeit stellte der Maharaj fest, wo ich mich befand, und gab mir eine Nuß zu knacken, die mir klarmachte, wie wenig ich wußte.

Eines Abends traf mich eine Erkenntnis wie ein Blitz. Vieles wurde mir schlagartig klar, und ich war für den Rest der Zeit außerordentlich klar auf mein Mantra konzentriert: „All dies ist das Selbst, und ich bin Es.“

Der Maharaj sagt, daß er niemals Gott gesehen habe und nichts von den Dingen verstehe, um die die Religionen soviel Aufhebens machen. Für ihn ist die Wahrheit die Wahrheit, ganz gleich, welches Kostüm sie trägt. Er macht sich keine Vorstellungen von Gott, sondern nur von der Realität des „Ich bin". Dennoch kann er gelegentlich lange Exkurse in die Begriffswelt und in die Mythologie der Sanskrit-Schriften machen, wenn er durch eine Frage dazu angeregt wird. Nachdem er den Fragenden und die Frage mit Begriffen regelrecht erschlagen hat, wird er eine Geschichte erzählen oder ein Beispiel schildern, mit dem er sich selbst und seine gerade erläuterten Begriffe wieder zerstört. Die Botschaft ist immer klar: „Es gibt nichts außer dem, was ist, und alles, was ist, wird dein Körper/Geist immer wieder neu für sich selbst erschaffen, solange, bis du dich entschließt, es aufzugeben." Er sagt, daß alles, was du tust, richtig sein wird, sobald du dich selbst kennengelernt hast und an deinen Handlungen weder festhältst noch ihnen gegenüber gleichgültig bist.

Ich habe verstanden.

Biographische Notiz

Nicht viel ist über das persönliche Leben des Maharaj bekannt, besonders nicht über den Abschnitt, bevor er zu einem spirituellen Lehrer wurde. Zum einen, weil er selbst den persönlichen Gegebenheiten in seinem Leben nicht die geringste Bedeutung beigemessen hat, und zum anderen, weil er sein Leben lang als einfacher, durchschnittlicher Inder, als arbeitender Mensch und Haushaltsvorstand gelebt hat, ganz im Gegensatz zu vielen anderen typischen Gurus. Das folgende ist daher nur eine grobe biographische Skizze:

Sri Nisargadatta Maharaj wurde im März 1897 (das genaue Datum ist unbekannt) in Bombay geboren. Er wuchs in Kangalon, einem kleinen Dorf südlich von Bombay, auf. Man gab ihm den Namen Maruti. Seine Eltern waren sehr religiös im orthodoxen Sinne. Als Junge half Maruti seinem Vater, einem Kleinbauern, in der Landwirtschaft. Sein Vater starb 1915 und hinterließ seine Mutter mit drei Brüdern und Schwestern.

1924 heiratete Maruti, und aus dieser Ehe gingen ein Sohn und drei Töchter hervor. Nachdem er einige Zeit als Bürogehilfe gearbeitet hatte, machte Maruti einen Laden auf, in dem er Kleidung, Tabak und handgerollte Zigaretten, sogenannte Beedies verkaufte. Später betrieb er eine Reihe weiterer, ähnlicher Geschäfte.

Schon in früher Jugend zeigte der Junge ein starkes Interesse für alles, was ihn umgab. Sowohl als Kind als auch später in seiner Zeit als Zigarettenhändler hatte Maruti in seinem Bekannten- und Freundeskreis zahlreiche Menschen mit ausgeprägten spirituellen Neigungen. Die vielen Gespräche über Religion und Philosophie schärften seinen wissensdurstigen Geist und nährten in ihm ein spirituelles Feuer. Im Alter von vierunddreißig Jahren traf er seinen Guru, mit siebenunddreißig hatte er sich selbst verwirklicht und änderte seinen Namen in Nisargadatta. In *Ich bin* beschreibt er sehr eindrucksvoll diese innere Wandlung, die ihn zu einem Ganzen machte, das keine weiteren Bedürfnisse mehr hat.

Der Tod des Meisters

Am Dienstag, dem 8. September 1981, um 19.30 Uhr verschied Nisargadatta Maharaj friedlich in seinem Domizil in Bombay. Eine Bekanntmachung anläßlich seines Begräbnisses liest sich folgendermaßen:

> Um elf Uhr vormittags am Mittwoch, dem 9. September folgten Tausende von Jüngern, die das Loblied des Herrn sangen, dem wunderschön geschmückten und mit frischen, duftenden Blumenkränzen gefüllten Wagen, in dem Sri Maharaj still und ernst aufgebahrt war. Weit und breit war nichts zu sehen als Rosen, Blumenkränze und seine Jünger. Die Prozession bewegte sich langsam in Richtung Bangange und wurde von einem Orchester und tanzenden Jüngern angeführt.
>
> Dies ist ein neuer Tag der Freude, denn die Weisheit wird niemals sterben, sondern so frisch bleiben wie der Frühling.

Maharaj hinterließ einen Sohn und eine Tochter. Seine Frau und zwei weitere Töchter waren ihm vorangegangen.

Epitaph

Was macht den 8. September 1981 zu einem ganz besonderen Tag? Für alle, die weltliche Erscheinungen als Realität sehen, sich mit dem Körper identifizieren und andere Körper als andere eigenständige Wesen betrachten, wird der Tod immer ein grausames Elend sein. Wenn man jedes Wesen als etwas vollständig Unabhängiges sieht, das eine eigene Existenz, getrennt vom Rest des Universums, besitzt, ist der Tod das Böse schlechthin und kann überhaupt nichts anderes sein. Für die, die so denken, *gab* es einen Maharaj. Für sie stand am Ende eines grausamen, zerstörerischen Prozesses der Tod.

Für alle, die das Wesen seiner Lehre verstanden haben und die die Vielfalt der Namen und Formen, die in ihrer Gesamtheit die Welt ausmachten, als eine bloße Erscheinung sehen, ohne wesenhafte Substanz, ist zwar *Maruti* gestorben – und das nicht erst 1981, sondern schon viel früher, nämlich zu dem Zeitpunkt, an dem er den Namen Sri Nisargadatta angenommen hat. Sie wissen, daß jemand, der bereits gestorben ist, nicht noch einmal sterben kann. Für sie *gibt* es einen Maharaj. Vielleicht war ihnen jener Tag im September Anlaß für eine gewisse Trauer, nicht um den Maharaj, sondern um ihrer selbst willen. Hat der Maharaj nicht selbst einmal gesagt: „... habt Mitleid mit den Lebenden, niemals mit den Toten.“ Das wichtigste ist, daß sie wissen, wo sie den Maharaj zu suchen haben: in ihrem eigenen Herzen, denn er ist niemand anders als ihr eigenes wahres Selbst.

Diese beiden grundsätzlich verschiedenen Einstellungen können keine gemeinsame Basis haben. Eine der Absichten dieses Buches ist es, dem Leser eine klare Orientierung zu geben, damit er selbst entscheiden kann, welche Welt er für sich und andere erschaffen will.

Mr. S. Sikshit schreibt in seinem Vorwort zur zweiten Auflage von *I Am That* (dt.: *Ich bin*): „Jede einzelne Rede, ja, jede Seite dieses Buches kann dem Leser den Weg zur allerhöchsten Seligkeit weisen." Ich möchte das noch ein wenig weiter treiben und sagen: Jeder Abschnitt, jeder Aphorismus des Maharaj ist geeignet, dem Leser jenen kleinen Schock zu versetzen, der ihn aus seinem Traum der Unwirklichkeit wachrütteln kann. Es liegt an jedem von uns, ob wir bereit sind, tief genug zu graben. In diesem Zusammenhang sagt der Maharaj so treffend: „Um Wasser zu finden, solltest du nicht überall kleine Löcher graben, sondern an einer einzigen Stelle bis auf den Grund bohren."

Die gesamte überlieferte Hinterlassenschaft der Lehre Nisargadattas ist, wenngleich beträchtlich im Umfang, nicht so umfangreich wie die anderer spiritueller Lehrer. Daher hoffen viele darauf, daß nach und nach immer mehr Reden und Aufzeichnungen ans Tageslicht gezogen werden. Obwohl solche Funde durchaus ihren Reiz hätten, ist es gegenwärtig viel wichtiger, das Beste aus dem Material zu machen, welches Frydman so sorgfältig gesammelt und ins Englische übertragen hat. Wenn das Vorhandene richtig verdaut und zu Herzen genommen wird, wird das Bedürfnis nach dem Studium zusätzlicher Texte in einem anderen Licht erscheinen. Dies entspräche eher dem vertikalen als dem horizontalen Ansatz, sich der Thematik zu nähern, der immer vom Maharaj vorgezogen wurde.

Im folgenden werde ich eine Sammlung von Sri Nisargadattas Aphorismen präsentieren, die auf *Ich bin* und den folgenden Bänden *The Nectar of the Lord's Feet* sowie *The Ultimate Medicine* basiert. In diesen Sprüchen ist nicht nur die ganze Tiefe der Weisheit des Meisters enthalten, sondern in ihrer Gesamtheit repräsentieren sie eine Zusammenfassung seiner Lehre. Wann immer dies möglich war, habe ich die Aphorismen in Gruppen zusammengefaßt, um ihre Zusammengehörigkeit zu betonen und sie als Werkzeug der Lehre zugänglicher zu machen.

Gedanken, die Ihr Leben verändern können

In meiner Welt gibt es Gemeinschaft, Einsicht, Liebe, wirkliche Qualität; das einzelne ist das Ganze, das Ganze ist im einzelnen. Alles ist eins, und das Eine ist alles.

♦

Das Geheimnis des Erfolges liegt im Erinnern dessen, was erinnert werden muß. Der Weg dorthin liegt in der Ernsthaftigkeit.

♦

Was mit Körper und Geist geschieht, liegt nicht in deiner Macht, aber du kannst jederzeit aufhören dir vorzustellen, daß du Körper und Geist bist. Was auch geschieht, vergiß nie, daß nur Körper und Geist betroffen sind, niemals du selbst.

♦

Spirituelle Reife ist die Bereitschaft alles loszulassen. Aufzugeben ist der erste Schritt. Wirkliches Aufgeben jedoch ist die Erkenntnis, daß es nichts aufzugeben gibt, denn nichts ist dein Eigentum. Es ist wie im Tiefschlaf: Du gibst dein Bett nicht auf, wenn du einschläfst, du vergißt es nur.

♦

Sei vollständig leer in deinem Geist, frei von allen Vorstellungen und Bemühungen, dann wird durch die bloße Abwesenheit der Hindernisse die Wirklichkeit sich Bahn brechen.

♦

Sträube dich nicht gegen die Tatsache, daß du, völlig in Beschlag genommen von deinen persönlichen Angelegenheiten, vergessen hast, wer du wirklich bist. Versuche die Erinnerung daran wiederherzustellen, indem du das Bekannte ausschaltest.

♦

Erinnerung ist ein guter Diener, aber ein schlechter Meister. Sie verhindert wirksam jede Neuentdeckung.

♦

Wenn ich weiß, daß die Welt ein Teil von mir ist, dann achte ich sie nicht mehr als du die Nahrung, die du zu dir nimmst.

♦

Deine Gedanken interessieren sich dafür, was um dich herum geschieht, aber deine Aufmerksamkeit interessiert sich für deine Gedanken. Das Kind ist nur hinter dem Spielzeug her, aber die Mutter beobachtet das Kind, nicht das Spielzeug.

♦

Gedanken kommen und gehen wie sie wollen, nicht wie du willst. Sie beherrschen dich, weil du dich für sie interessierst. Es ist genau, wie Jesus gesagt hat: „Widersetzt euch nicht dem Bösen." Indem ihr euch dem Bösen widersetzt, verstärkt ihr es.

♦

Wer das Interesse am Wissen vollständig verliert, gewinnt Allwissenheit.

♦

Wenn du deine Gedanken und ihre wunderbaren Kräfte kennst und sie von dem befreist, was sie vergiftet hat – von der Vorstellung einer eigenständigen isolierten Person –, läßt du sie einfach in Frieden, damit sie ihre Arbeit, die ihnen zusteht, verrichten können.
Die Gedanken an ihrem eigenen Ort ihre eigene Arbeit tun zu lassen, ist ihre Befreiung.

♦

Wenn du nichts von der Welt verlangst und nichts von Gott, wenn du nichts wünschst, nach nichts strebst, nichts erwartest, dann wird das Göttliche in dir Eingang finden, ungefragt und unerwartet.

♦

Vergiß dein Wissen, aber vergiß nie, daß du der Wissende bist. Laß dich nicht ständig von deinen Wahrnehmungen einwickeln. Vergiß nicht, daß du mehr bist als deine Wahrnehmungen, ewig ungeboren und nicht dem Tode unterworfen.

Vergiß nie, daß du dich von dem, was du nicht weißt, auch nicht befreien kannst. Um über dich selbst hinauszuwachsen, mußt du dich erst einmal kennen.

♦

Ernsthaftigkeit ist nicht das Streben nach den Früchten deiner Bemühungen. Sie ist der Ausdruck einer inneren Interessenverlagerung, weg vom Falschen, vom Unwesentlichen, vom Persönlichen.

♦

Der Wunsch nach Wahrheit ist der beste aller Wünsche, dennoch ist er immer noch ein Wunsch. Alle Wünsche müssen aufgegeben werden, damit das Wahre in dein Leben kommt. Erinnere dich an dein Sein. Es ist dein wichtigstes Kapital. Wenn du es richtig einsetzt, wirst du reichlich davon profitieren.

♦

Ein Mensch, der behauptet zu wissen, was für andere gut ist, ist gefährlich.

♦

Um Gutes zu tun, muß man erst einmal aufhören Schlechtes zu tun.

♦

Wenn du die Chance hast, jemandem zu helfen, solltest du nicht zögern und es auf jeden Fall tun. Warte nicht, bis du Vollkommenheit erlangt hast. Aber werde auch kein professioneller Hilfeleister.

Du willst die Welt retten und merkst nicht, daß die Welt nichts weiter braucht, als vor dir verschont zu bleiben. Tritt beiseite und sieh, ob dann immer noch etwas da ist, was gerettet werden muß?

♦

Wenn du Sorgen und Leid siehst, bleib stehen und weiche nicht aus. Stürze dich nicht in blinde Aktivität. Weder Lernen noch Handeln kann wirklich helfen. Verharre in der Gegenwart der Sorgen und lege ihre Wurzeln frei – Hilfestellung beim Verstehen ist wahre Hilfe.

♦

Ohne Gewahrsein kann es kein Bewußtsein geben. Es gibt jedoch durchaus ein Bewußtsein ohne Gewahrsam, etwa im Tiefschlaf.

♦

Das Bewußtsein selbst hat keine Leuchtkraft. Seinen Glanz erhält es von einem Licht, das weit darüber steht.

♦

Die Gedanken müssen lernen, daß sich ihre Bewegungen vor dem Hintergrund eines Gewahrseins abspielen, das unveränderlich bleibt. Der aktive Geist muß das wahre Selbst kennenlernen, es respektieren und aufhören, es zu verdecken wie der Mond, der bei einer Sonnenfinsternis die Sonne verdeckt.

Die Gedanken haben ihr Zentrum im Körper und das Bewußtsein in den Gedanken, das Gewahrsein jedoch ist frei. Der Körper hat seine Bedürfnisse, die Gedanken kennen Freude und Leid. Das Gewahrsein jedoch ist ungebunden und unerschütterlich. Es ist hellsichtig, still, friedlich, aufmerksam und furchtlos, ohne Wünsche und ohne Angst. Meditiere über dein Gewahrsein als dein wahres Wesen und versuche, es in deinem Alltag zu leben, und du wirst es in seiner ganzen Fülle erkennen.

♦

Gewahrsein wird zu Bewußtsein, wenn es sich auf ein Objekt bezieht. Das Objekt verändert sich unablässig. Im Bewußtsein ist Bewegung. Gewahrsein ist frei von Bewegung und Zeit, hier und jetzt.

♦

Alles Bewußtsein ist beschränkt und daher mit Schmerzen verbunden. An der Wurzel des Bewußtseins liegt die Begierde, der Drang nach Erfahrung.

♦

Die Welt ist nichts weiter als eine Folge von Erfahrungen. Du bist es, der sie zu Bewußtsein bringt und dennoch ein Leben jenseits aller Erfahrungen hat. Es ist wie bei der Hitze, der Flamme und dem brennenden Holz. Die Hitze hält die Flamme aufrecht, die Flamme verzehrt das Holz. Ohne Hitze gäbe es weder Flamme noch Brennstoff. Ähnlich gäbe es ohne Gewahrsein weder ein Bewußtsein noch ein Leben, das die Materie in ein Gefäß des Bewußtseins verwandelt.

Namen und Formen verändern sich unablässig. Erkenne, daß du der unveränderliche Zeuge deiner veränderlichen Gedanken bist. Das ist genug.

♦

Wenn du verstehst, daß Namen und Formen Schall und Rauch sind, ohne jeglichen Inhalt, und daß alles Wirkliche namen- und formlos ist, reine Lebensenergie und Licht des Bewußtseins, wirst du Frieden finden und eintauchen in die tiefe Stille der Wirklichkeit.

♦

Sich seiner selbst zu erinnern, ist Tugend, sich selbst zu vergessen Sünde.

♦

Den Gedanken nachzuhängen „Ich bin ein Sünder, ich bin kein Sünder", ist selbst eine Sünde. Sich mit konkreten Einzelheiten zu identifizieren, ist die einzige wirkliche Sünde. Nur das Unpersönliche ist wirklich, das Persönliche verschwindet so schnell, wie es erschienen ist.

♦

Wenn du sündigen willst, dann tu es wenigstens mit ganzem Herzen und in aller Offenheit. Auch Sünden können lehrreich sein für den ernsthaften Sünder, ebenso wie Tugend für den ernsthaften Heiligen. Schlimm ist nur die Vermischung von beidem. Nichts kann so wirksam blockieren wie ein Kompromiß, denn er beweist einen Mangel an Ernsthaftigkeit, aus dem heraus nichts getan werden kann.

Sinn und Zweck eines sauberen und wohlgeordneten Lebens ist, den Menschen aus den Klauen des Chaos und von der Last der Sorgen zu befreien.

♦

Sich über seine Verwirrtheit klar zu werden heißt, sich von ihr zu befreien.

♦

Die Welt und das Denken sind Zustände des Seins. Das Göttliche ist kein Zustand, es durchdringt alle Zustände, ist aber kein Zustand von etwas anderem.

♦

Erst wenn du dich von der Welt befreit hast, kannst du etwas an ihr ändern.

♦

Korrigiere deine Einstellung deinem Körper gegenüber und überlasse ihn sich selbst. Verwöhne ihn nicht, aber spanne ihn auch nicht auf die Folter. Sieh nur zu, daß er funktioniert, meistens unterhalb der Schwelle zur bewußten Aufmerksamkeit.

♦

Einem Bewußtsein, das genau weiß, was es will, kann nichts Außerordentliches begegnen.

♦

Wenn du nach dem Allgemeinwohl strebst, wird der Kosmos für dich arbeiten. Aber wenn du hinter deinem eigenen Vergnügen her bist, wirst du es sehr schwer haben. Bevor du dir etwas wünschst, solltest du es verdient haben.

♦

Alle möglichen Erfahrungen können auf dich zukommen – laß dich nicht davon beeindrucken, denn du weißt, daß alles Wahrnehmbare vergänglicher Natur ist. Nur das „Ich bin“ bleibt.

♦

Diejenigen, die nur die Schriften kennen, wissen gar nichts. *Sein* ist Wissen.

♦

Dein einziger Lehrer bist du selbst. Der Lehrer in der Außenwelt ist nur ein Meilenstein auf dem Weg. Nur dein innerer Lehrer wird bis zum Ziel mit dir gehen, denn er ist das Ziel.

♦

In eurer Welt würde es mir sehr schlecht gehen. Aufzuwachsen, zu essen, zu reden, wieder schlafenzugehen – wie schrecklich!

♦

Ein Lebewesen zu sein, ist nicht der höchste Zustand. Es gibt noch etwas Höheres, etwas viel Wunderbareres, das weder Wesen noch Nicht-Wesen ist. Es ist ein Zustand reinen Gewahrseins, jenseits der Grenzen von Raum und Zeit. Wenn man die Illusion, daß man selbst Körper und Geist ist, abgelegt hat, verliert der Tod seinen Schrecken und wird zum Bestandteil des Lebens.

♦

Die bloße Sehnsucht nach dem Leben ist der Vorbote des Todes, ebenso wie das Streben nach Glück der Bauplan des Unglücks ist.

♦

Verzögerte Reaktion ist falsche Reaktion. Denken, Fühlen und Handeln müssen eine Einheit sein und gleichzeitig mit der Situation stattfinden, die danach verlangt.

♦

Meine Erfahrung ist, daß alles Seligkeit ist. Der Wunsch nach Seligkeit schafft jedoch Schmerzen. Seligkeit wird so zum Keim des Schmerzes. Der gesamte Kosmos des Schmerzes wird aus Wünschen geboren. Gib das Wünschen auf, und du wirst nicht einmal mehr wissen, was Schmerzen sind.

♦

Das muß gut verstanden werden: Die Welt hängt am Faden des Bewußtseins: kein Bewußtsein, keine Welt.

♦

Um die Welt kennenzulernen, vergißt du das Selbst – um das Selbst kennenzulernen, vergißt du die Welt.

♦

Dein persönlicher Kosmos existiert nicht von selbst. Er ist lediglich eine beschränkte und verzerrte Sicht der Wirklichkeit. Nicht der Kosmos muß verbessert werden, sondern deine Sichtweise.

♦

Was ist dein Glück wert, wenn du dich darum bemühen und dafür arbeiten mußt? Wirkliches Glück ist spontan und mühelos.

♦

Freude und Schmerz wechseln sich ab. Freude ist unerschütterlich. Was du suchen und finden kannst, ist nur ein billiger Ersatz. Finde, was du niemals verloren hast, finde das Unveräußerliche.

♦

Nur solange du nicht vollständig bist, hast du ein Ziel. Bis dahin ist Vollständigkeit, Vollkommenheit dein Ziel. Wenn du vollständig in dir bist, innerlich und äußerlich vollkommen ausgeglichen, dann erfreust du dich des Kosmos, du mühst dich nicht mehr für ihn ab.

Harmonie zwischen Innerem und Äußerem ist Glück. Identifikation mit dem Äußeren schafft Leiden.

♦

An der Wurzel von allem ist das Gefühl „Ich bin". Der Gedanke „Es gibt die Welt" ist sekundär, denn um zu sein, brauche ich die Welt nicht, sondern die Welt braucht mich.

♦

Letztlich bist du selbst der Beweis dafür, daß es einen Gott gibt, nicht umgekehrt. Denn bevor überhaupt eine Frage nach Gott gestellt werden kann, mußt du erst einmal da sein, um sie zu stellen.

♦

Ich bin – noch vor allen Gedanken. „Ich bin" ist kein bloßer Gedanke. Meine Gedanken stoßen mir zu, nicht ich meinen Gedanken. Da Raum und Zeit nur in Gedanken existieren, bin ich jenseits von Raum und Zeit, ewig und allgegenwärtig.

♦

Keine Anstrengung der Logik oder der Vorstellungskraft vermag das „Ich bin" in ein „Ich bin nicht" umzuwandeln. Sogar die Verneinung des Seins wäre seine Bestätigung. Sobald du erkennst, daß die Welt deine eigene Projektion ist, bist du frei von ihr.

♦

Niemand kann im Yoga jemals versagen. Am Anfang geht es langsam und am Ende ganz schnell. Wenn man schließlich ganz reif ist, kommt die Erkenntnis schlagartig.

♦

Die gesamte Schöpfung strebt mühsam nach sich selbst und wird nicht ruhen, bis sie zu sich selbst zurückgekehrt ist.

♦

Sobald du mit absoluter Gewißheit weißt, daß dich nichts beunruhigen kann außer deiner eigenen Einbildung, wirst du dazu kommen, deine Wünsche und Ängste sowie deine Begriffe und Ideen beiseitezuräumen und ausschließlich von der Wahrheit leben.

♦

Im großen Spiegel des Bewußtseins steigen Bilder auf und verschwinden wieder, nur das Gedächtnis verleiht ihnen Bestand. Und das Gedächtnis ist materiell – dem Zerfall preisgegeben, vorübergehend. Auf solch brüchigem Fundament gründet sich unser Gefühl der persönlichen Existenz – vage, lückenhaft, fast wie im Traum. Die vage Überzeugung: „Ich bin so und so“ verdunkelt den unwandelbaren Zustand des reinen Gewahrseins und läßt uns glauben, daß wir geboren wurden, um zu leiden und zu sterben.

♦

Bewußtsein und Unbewußtsein sind, weil sie im Körper sind, vom Zustand des Gehirns abhängig. Das Selbst ist jenseits von beidem, jenseits des Gehirns, jenseits des denkenden Geistes. Die Fehlerhaftigkeit des Instruments sagt nichts über seinen Benutzer aus.

♦

Jeder Mensch sieht die Welt im Lichte der Vorstellung, die er von sich selbst hat... Wenn du glaubst, du bist von der Welt getrennt, wird die Welt getrennt von dir erscheinen, und du wirst Wünsche und Ängste erleben. Ich sehe die Welt nicht von mir getrennt, also gibt es für mich auch nichts zu wünschen und zu fürchten.

♦

Weise ist derjenige, der niemals vergißt, daß er selbst die allzeit gegenwärtige Quelle sowohl des Erlebten als auch des Erlebenden ist.

♦

Weisheit lehnt das Unechte ab, auf immer und ewig. Das Unechte zu erkennen ist Weisheit. Was danach kommt ist unaussprechlich.

♦

Wenn der Kern deines Wesens außerhalb dieses Körpers, der Geburt und Tod unterliegt, ist, werden sich alle deine Probleme von selbst lösen. Probleme existieren nur, weil du glaubst, daß du nur geboren wurdest, um zu sterben. Hör auf, dich selbst zu betrügen und werde frei. Du bist keine Person.

Freiheit ist Freiheit von Sorgen. Wenn du erkannt hast, daß du am Ablauf der Dinge nichts ändern kannst, achte nicht mehr auf deine Wünsche und Ängste. Laß sie kommen und gehen. Nähre sie nicht durch dein Interesse und deine Aufmerksamkeit.

♦

Die Illusion, daß du aus Körper und Geist bestehst, gibt es nur, weil du sie nicht in Frage stellst. Nicht-Infragestellung ist der Faden, der alle Gemütszustände zusammenhält.

♦

Alle Gemütszustände, alle Namen und Formen der Existenz, wurzeln in dem Mangel an Nachprüfung und Erforschung sowie in Einbildung und Leichtgläubigkeit. Es ist richtig zu sagen: „Ich bin", aber zu sagen: „Ich bin dies" oder: „Ich bin das" ist ein Zeichen mangelnder Gründlichkeit, ungeprüfter Annahmen, geistiger Schwäche oder Trägheit.

♦

Ein Mensch, der weiß, daß er weder Körper noch Geist ist, kann auch nicht selbstsüchtig sein, denn er hat ja nichts, für das er selbstsüchtig sein kann. Man könnte auch sagen, daß er „selbstsüchtig" ist im Interesse aller Menschen, die ihm begegnen. Das Wohlergehen seiner Mitmenschen ist ihm genauso wichtig wie sein eigenes.

♦

Alle deine Probleme entstehen, weil du dich selbst definiert und damit eingegrenzt hast. Wenn du dich selbst nicht mehr für dies oder jenes hältst, enden alle Konflikte. Jeder Versuch, etwas an deinen Problemen zu ändern, ist zum Scheitern verurteilt, denn das, was durch Wünsche entstanden ist, kann nur in Freiheit von Wünschen rückgängig gemacht werden.

♦

Von einem persönlichen Wesen und einem kosmischen Wesen zu sprechen ist etwas für Lernende. Geh darüber hinaus, bleibe nicht in der Dualität stecken.

♦

Der reine Geist sieht die Dinge, wie sie sind: Blasen im Bewußtsein. Die Blasen erscheinen, verschwinden und erscheinen aufs neue, ohne ein wirkliches Wesen zu haben. Sie können nicht auf einen bestimmten Grund zurückgeführt werden, denn jede wird von allen anderen verursacht und beeinflußt. Jede Blase ist ein Körper und alle Körper gehören zu mir.

♦

Nichts zu wünschen und nichts zu tun – das ist wahre Schöpfung. Zu beobachten, wie der Kosmos im Herzen entsteht und wieder vergeht, ist ein wahres Wunder.

♦

Wenn Mühe gebraucht wird, wird sie erscheinen. Wenn Mühelosigkeit wesentlich wird, wird sie sich einstellen. Du brauchst dein Leben nicht voranzutreiben. Laß dich einfach von ihm treiben und widme dich vollständig der Aufgabe des gegenwärtigen Moments, deinem Sterben für das Jetzt. Denn Leben heißt Sterben. Ohne Tod gibt es kein Leben.

♦

Die Arbeit in der Welt ist schwer. Noch schwerer ist es, alle unnötige Arbeit zu vermeiden.

♦

In dem Augenblick, in dem du dein wahres Wesen kennenlernst, hast du vor nichts mehr Angst. Der Tod gibt Freiheit und Macht. Um in der Welt frei zu sein, mußt du für die Welt sterben. Dann gehört dir der Kosmos, er wird Körper, Ausdrucksmittel und Werkzeug für dich. Das Glück, absolut frei zu sein, ist unbeschreiblich. Auf der anderen Seite kann jemand, der Angst vor der Freiheit hat, nicht sterben.

♦

Strebt ein glücklicher Mensch nach dem Glück? Wie rastlos die Menschen sind, wie wenig Ruhe sie haben! Weil sie voller Schmerzen sind, streben sie nach Erlösung in der Freude. Alles Glück, was sie sich vorstellen können, liegt in der Zusicherung wiederholter Freude.

♦

Wir machen Begriffe zur Wirklichkeit, obgleich sie Verzerrungen der Wirklichkeit sind. Wirf alle Begrifflichkeit über Bord und bleibe still und aufmerksam. Meine es wirklich ernst, und alles wird gut.

♦

Identifiziere dich nicht mit der Welt, und du wirst nicht leiden.

♦

Schmerz und Lust sind Gipfel und Täler der Wellen im Ozean der Seligkeit. In der Tiefe ist die Fülle.

♦

Das Töten schadet dem, der tötet, nicht dem Getöteten.

♦

Wenn du daran denken würdest, was du alles nicht weißt, dann würde es dir seine Geheimnisse offenbaren.

♦

Verstehe nur eine Sache richtig, und du hast es geschafft.

♦

Eine vegetarische Lebensweise ist sehr löblich, aber nicht das Allerwichtigste. Ein Mensch, der zu seiner Quelle zurückgefunden hat, kann in allen Lebenslagen auf vorzügliche Weise dienen.

♦

Die Botschaft der Selbstverwirklichung wird, wenn sie einmal vernommen wurde, niemals wieder vergessen. Wie eine Saat, die in der Erde liegt, wird sie auf die richtige Jahreszeit warten, sprießen und zu einem mächtigen Baum heranwachsen.

♦

Wenn alle falschen Selbst-Identifikationen weggeworfen werden, bleibt nichts übrig als allumfassende Liebe.

♦

Lerne, ohne Einbildung zu schauen, ohne Verzerrung zu hören; das ist alles. Höre auf, dem vom Wesen her Namen- und Formlosen Namen und Formen zu verleihen. Erkenne, daß alle Wahrnehmungsarten subjektiv sind, daß alles, was gesehen oder gehört, getastet oder gerochen, gefühlt oder gedacht, erwartet oder eingebildet wird, nur in der Wahrnehmung und nicht in der Realität ist, und du wirst Frieden und Freiheit von Angst erleben.

♦

Wer verschiedene (spirituelle) Ansätze ausprobiert, hat wahrscheinlich Widerstände, nach innen zu gehen, und Angst, die Illusion, etwas oder jemand Besonderes zu sein, fallenzulassen.

♦

So etwas wie eine Person gibt es nicht. Es gibt lediglich Einschränkungen und Grenzen. Die Summe dieser definiert die Person.

♦

Aus meiner Sicht geschieht alles von selbst, ziemlich spontan. Aber der Mensch bildet sich ein, daß er für einen Gewinn arbeitet, auf ein bestimmtes Ziel hin. Er hat immer eine Belohnung vor Augen und strebt nach ihr.

♦

Leiden verlangt, geprüft zu werden. Alle Schmerzen brauchen eine nähere Untersuchung. Sei nicht faul im Denken.

♦

Der einzige Sinn im Leben ist zu leben.

♦

In Wirklichkeit existieren Zeit und Raum in dir, nicht du in ihnen. Sie sind Arten der Wahrnehmung, aber nicht die einzigen.

Das Denken erschafft Zeit und Raum. Es hält seine eigenen Erzeugnisse für die Realität. Alles ist hier und jetzt, aber wir sehen es nicht. Alles ist wahrhaftig in mir und von mir. Außerdem gibt es nichts. Die bloße Vorstellung von etwas „anderem“ ist ein katastrophaler Irrtum und führt zwangsläufig ins Elend.

♦

Zeit und Raum sind Produkte des Denkens. Auch das Gesetz von Ursache und Wirkung ist nur eine von vielen Denkweisen. In Wirklichkeit ist alles hier und jetzt, alles eins. Vielheit und Verschiedenartigkeit sind nur gedankliche Konstrukte.

♦

Der Fehler liegt in der Wahl, die du triffst. Dir einzubilden, daß kleine Dinge – Essen, Sex, Macht, Ruhm – glücklich machen, heißt, dich selbst zu betrügen.

♦

Das Selbst ist kosmisch, und seine Ziele sind es ebenfalls. Es gibt nichts Persönliches daran. Lebe ein geordnetes Leben, aber mach es nicht zum Selbstzweck.

♦

Von nichts kann die Welt so sehr profitieren wie von der Aufgabe des Profits. Ein Mensch, der nicht mehr in Kategorien von Gewinn und Verlust denkt, ist ein wahrhaft gewaltfreier Mensch, denn er steht über allen Konflikten.

Es liegt im Wesen des Denkens, Dinge auseinanderzuhalten und sich zu spezialisieren. Das kann nicht schaden, es entspricht jedoch nicht den Tatsachen, wenn man sich von den Dingen getrennt betrachtet. Dinge und Menschen sind verschieden, aber nicht getrennt. Die Natur ist eins, die Wirklichkeit ist eins. Es gibt Gegensätze, aber keine Widersprüche.

♦

Wenn du alles als von dir getrennt betrachtest, kannst du es nicht lieben, weil du Angst davor hast. Entfremdung verursacht Angst, und Angst vertieft die Entfremdung. Es ist ein Teufelskreis, der nur durch Selbsterkenntnis gebrochen werden kann. Laß dich nicht von deinem Weg abbringen.

♦

Genauso wie ein Sandkörnchen im Auge die ganze Welt auslöschen kann, wenn es sich entzündet, so verursacht die irrtümliche Vorstellung „Ich bin Körper und Geist“ die Sorge um sich selbst, die den ganzen Kosmos verhüllt. Es ist sinnlos, die Vorstellung zu bekämpfen, daß man eine begrenzte und getrennte Person ist, wenn man nicht ihre Wurzeln aufdeckt. Egoismus wurzelt in der falschen Vorstellung von sich selbst. Die Klärung des Denkens ist Yoga.

♦

Mit dem Denken kann das, was jenseits der Gedanken liegt, nicht erkannt werden, aber das Denken ist dem, was jenseits liegt, durchaus bekannt.

In Wirklichkeit geschieht überhaupt nichts. Das Schicksal projiziert seine Bilder und Erinnerungen an frühere Projektionen auf den Spiegel des Denkens. Auf diese Weise erneuert sich die Illusion ständig von selbst. Die Bilder kommen und gehen – Licht, von Ignoranz eingefangen. Sieh das Licht und achte nicht auf das Bild.

♦

Du hast als Kind angefangen und wirst als Kind enden. Was auch immer du in der Zwischenzeit angesammelt hast, mußt du verlieren und wieder von vorn anfangen.

♦

Du wirst alles erhalten, was du brauchst, wenn du aufhörst nach Dingen zu fragen, die du *nicht* brauchst. Es gibt jedoch nur wenige Menschen, die diesen Zustand vollkommener Leidenschaftslosigkeit und Losgelöstheit erreichen. Es ist ein sehr hoher Zustand an der Grenze zur vollkommenen Befreiung.

♦

Es gibt immer wieder Momente, in denen man sich leer und entfremdet fühlt. Solche Momente sind höchst wertvoll, denn es bedeutet, daß die Seele die Segel gehißt hat und dabei ist, in ferne Gegenden zu reisen. Wirkliche Losgelöstheit bedeutet, daß das Alte vorbei ist und das Neue noch nicht angefangen hat. Wenn du dabei Angst hast, kann es sein, daß es unangenehm wird. Es gibt jedoch nichts, wovor du Angst haben müßtest. Beherzige die Regel: Bleib niemals stehen, was immer dir auch begegnet.

Es gibt einen Zustand jenseits des Vergessens und Erinnerns: den Naturzustand. Sich zu erinnern oder zu vergessen sind Zustände, die mit dem Denken verbunden sind. Ohne Gedanken, ohne Worte gibt es kein Vergessen und kein Erinnern.

♦

Wirkliche Fortschritte sind immer unumkehrbar. Höhen und Tiefen zeigen lediglich, daß die Leere nicht in ihrer ganzen Fülle zu Herzen genommen und in die Tat umgesetzt wurde.

♦

Das Zeitlose kennt die Zeit, aber die Zeit kennt das Zeitlose nicht.

♦

Die Erinnerung an vergangene unerfüllte Wünsche hält Energie gefangen, die sich als Person niederschlägt. Wenn die Ladung erlischt, stirbt die Person. Unerfüllte Wünsche werden zur nächsten Geburt weitergetragen. Selbst-Identifikation mit dem Körper schafft immer wieder neue Wünsche, und es wird nie ein Ende geben, wenn der Mechanismus dieser Fesseln nicht klar gesehen wird. Nur Klarheit kann befreiend wirken, denn man kann Wünsche nur dann loslassen, wenn man ihre Ursachen und Wirkungen deutlich sieht. Ich sage nicht, daß ein und dieselbe Person wiedergeboren wird. Jeder stirbt, und das für immer. Aber unsere Erinnerungen bleiben, ebenso wie unsere Wünsche und Ängste. Sie liefern die Energie für eine neue Person.

Friede, Macht und Glück sind niemals persönliche Zustände. Niemand kann sagen: „mein Frieden", „meine Macht", denn „mein" beinhaltet eine äußerst zerbrechliche und ungewisse Ausschließlichkeit.

♦

Du bist ständig um dein Lebensglück besorgt, aber ich sage dir, daß es so etwas überhaupt nicht gibt. Das Glück kann niemals dir gehören, denn es ist nur da, wo es kein „Ich" gibt.

♦

Wie kannst du einen Menschen kennen, wenn du dich selbst nicht einmal kennst? Und wenn du dich selbst kennst, *bist* du der andere.

♦

Eine Person zu sein, heißt zu schlafen.

♦

Befreiung ist nicht die Folge von geschickt eingesetzten Werkzeugen oder bestimmten Umständen. Sie liegt jenseits aller Ursachen. Nichts kann sie erzwingen, nichts kann sie verhindern.

♦

Stell dir dich selbst als alles Mögliche vor, nur nicht als Körper. Es gibt nichts weiter als einen Strom von Empfindungen, Wahrnehmungen, Erinnerungen und Einbildungen.

Ein Mensch, dem man einen einfachen Stein gibt und sagt, es sei ein kostbarer Diamant, ist vielleicht hocherfreut, solange er seinen Fehler nicht bemerkt. Auf dieselbe Weise verlieren Freuden ihren Geschmack und Schmerzen ihre Wirkung, wenn das Selbst bekannt ist. Beide werden gesehen, wie sie sind: als konditionierte Reflexe, bloße Reaktionen, Anziehung oder Abstoßung, gegründet auf Erinnerungen oder Vorurteile. Gewöhnlich erlebt man Freuden und Schmerzen dann, wenn man sie erwartet. Es ist alles eine Frage der Gewohnheit und der Überzeugung.

♦

Solange es einen Körper und ein Gefühl für Identität mit dem Körper gibt, sind Frustrationen unvermeidlich. Nur wenn du erkennst, daß du dem Körper völlig fremd und verschieden von ihm bist, wirst du Ruhe finden vor der Mischung aus Angst und Gier, die mit der Vorstellung „Ich bin ein Körper“ verbunden ist.

♦

Das „Hier“ ist überall und das „Jetzt“ immer. Wenn du über die Vorstellung „Ich bin ein Körper“ hinausgehst, wirst du merken, daß Raum und Zeit in dir sind und nicht du in ihnen. Sobald du dies verstanden hast, ist das Haupthindernis zur Selbsterkenntnis beseitigt.

♦

Wenn du erkennst, daß du weniger bist als ein Punkt in Raum und Zeit, etwas, das zu klein ist, um zerteilt, und zu kurzlebig, um getötet zu werden, dann – und nur dann – wird alle Angst von dir weichen. Wenn du kleiner bist als eine Nadelspitze, kann die Nadelspitze dich nicht stechen – nur du kannst die Nadel stechen.

♦

Jemand, der Angst vor der Zeit hat, wird zum Spielball der Zeit. Die Zeit selbst aber wird zum Spielball desjenigen, der keine Angst vor ihr hat.

♦

Ein *Jnanin*, ein Wissender, verschlingt permanent die Zeit, während alle anderen von ihr verschlungen werden. Ein *Jnanin* lebt jenseits der Zeit, der fünf Elemente sowie aller Eigenschaften und Emotionen.

♦

Das Dasein ist eine Überlagerung, ein Mantel der Illusion über dem Absoluten.

♦

Solange das Empfinden des Daseins oder das Bewußtsein im Körper nicht seine wahre Natur erkennt, bleibt ihm nichts anderes übrig, als sich mit dem Körper und all seinen Aktionen zu identifizieren, indem es die Täterschaft für sich beansprucht. Als Folge davon ist es intensivem Leidensdruck ausgesetzt, wenn der Körper sich auflöst und dem Tode nähert.

Wenn du einem wirklich weisen Menschen begegnest, der seine wahre Natur verwirklicht hat, dann wirst du dich nicht mehr an deine spirituelle Disziplin halten müssen, sondern er wird dir durch seine Lehren deine eigene wahre Natur enthüllen, so, als würde er dir einen Spiegel vorhalten.

♦

Die Welt ist lediglich die Oberfläche des Denkens, und das Denken kennt keine Grenzen. Was wir Gedanken nennen, sind nur Wellen auf dem Ozean des Geistes. Wenn der Geist still ist, reflektiert er die Wirklichkeit. Wenn er durch und durch unbewegt ist, lösen sich die Gedanken auf, und nur die Wirklichkeit bleibt übrig. Diese Wirklichkeit ist so konkret, so aktuell, so viel greifbarer als Geist und Materie, daß im Vergleich dazu selbst ein Diamant weich wie Butter scheint. Diese überwältigende Aktualität macht die Welt des Scheins zu einem nebulösen, unbedeutenden Traum.

♦

Freude ist unsere wahre Natur. Wir werden nicht ruhen, bis wir sie gefunden haben. Nur selten wissen wir jedoch, wo wir sie suchen sollen. Wenn du verstehst, daß die Welt nichts weiter ist als eine mißverstandene Sicht der Wirklichkeit und daß sie nicht ist, was sie zu sein scheint, bist du frei von ihren Zwangsvorstellungen.

♦

Lust ist eine lästige Ablenkung, denn sie verstärkt die irrige Überzeugung, daß man Dinge haben und tun muß, um glücklich zu sein. Das Gegenteil ist der Fall.

Um sich selbst zu verwirklichen, muß man sehen, daß alles Einbildung ist, die ihren Ursprung in Begierden hat. Die Wirklichkeit entgeht uns aus Mangel an Aufmerksamkeit, statt dessen erschaffen wir aus Überschuß an Einbildung das Unwirkliche.

♦

Tu, an was du glaubst, und glaube an das, was du tust. Alles andere ist eine Vergeudung von Energie und Zeit.

♦

Sein heißt leiden. Je enger der Kreis meiner Selbst-Identifikation, desto akuter wird das durch Wünsche und Ängste verursachte Leiden.

♦

Das Akzeptieren des Unwirklichen als wirklich ist Behinderung. Das Falsche als Falsches zu sehen und fallenzulassen erzeugt Wirklichkeit.

♦

Ich lehre den alten einfachen Weg zur Befreiung durch Verständnis. Verstehe deine Gedanken, und ihre Macht über dich wird zerbrechen. Der menschliche Verstand unterliegt permanent Mißverständnissen. Mißverständnisse sind sein Wesen. Rechtes Verständnis ist das einzige Mittel dagegen, ganz gleich, wie du es nennst.

♦

Meine Person ist das, was die anderen Leute von mir sehen. Für mich selbst bin ich die unendliche Ausdehnung des Bewußtseins, in der unzählige Personen in endloser Folge erscheinen und wieder verschwinden.

♦

Bewahre das Gefühl des „Ich bin“ in deinen Gedanken, verschmelze damit, bis dein Denken und Fühlen eins werden. Durch wiederholte Versuche wirst du über die richtige Balance von Aufmerksamkeit und Gefühl stolpern, und deine Gedanken werden sich fest in dem Gefühl und dem Gedanken des „Ich bin“ verwurzeln. Was auch immer du denkst, sagst oder tust, dieses Gefühl für ein unveränderliches und liebevolles Wesen bleibt als der allgegenwärtige Hintergrund deiner Gedanken.

♦

Das Veränderliche wird sich immer weiter verändern, während das Unveränderliche bleibt. Erwarte nicht, daß das Veränderliche dich zum Unveränderlichen führt, das wird niemals geschehen.

♦

Du selbst bist der Punkt der Wahrnehmung, die außerdimensionale Quelle aller Dimensionen.

♦

Ein verwirklichter Mensch weiß, wovon die anderen lediglich gehört, was sie aber niemals erfahren haben. Vom Kopf her sind sie vielleicht überzeugt, aber in ihren Handlungen zeigen sie ihre Fesseln …

♦

Es gibt keinen Zustand, in dem man die Wirklichkeit sieht. *Wer* sieht *was*? Du kannst nur wirklich *sein*. (Und das bist du immer.) Das Problem ist ein rein gedankliches. Laß deine falschen Vorstellungen fallen, das ist alles. Es gibt keine Notwendigkeit für wahre Vorstellungen. (Weil es keine solchen gibt.)

♦

Du bist, was du bist, aber du weißt, was du nicht bist.

♦

Innerhalb des Körpers gibt es einen Strom von Energie, Liebe und Intelligenz, der den Körper führt, erhält und mit Energie versieht. Entdecke diesen Strom und bleibe in seiner Nähe.

♦

Gib die Vorstellung auf, daß du der Körper bist, mit Hilfe der entgegengesetzten Vorstellung, daß du *nicht* der Körper bist. Dies ist zweifellos auch nur ein Gedanke. Wenn er seinen Zweck erreicht hat, solltest du ihn ebenfalls wie etwas behandeln, das aufgegeben werden muß.

♦

Die Vorstellung, daß ich nicht mein Körper bin, verleiht dem Körper Wirklichkeit, während es tatsächlich überhaupt keinen Körper gibt, sondern nur einen Geisteszustand.

♦

Tatsächlich gibt es keinen Körper und auch keine Welt, in der er leben könnte. Es gibt nur einen geistigen Zustand, eine Art Traum, den man leicht fallenlassen kann, indem man seinen Wirklichkeitsgehalt prüft.

♦

Alles existiert nur in Gedanken. Selbst der Körper ist die geistige Verarbeitung einer großen Anzahl sinnlicher Wahrnehmungen, von der jede einzelne ebenfalls ein geistiger Vorgang ist. Geist und Körper setzen sich aus zahlreichen winzigen Informationsbits zusammen. Die Summe der Einzelinformationen erschafft die Illusion der Existenz.

♦

Ein Prinz, der sich selbst für einen Bettler hält, kann nur auf eine einzige Weise vom Gegenteil überzeugt werden: Er muß sich als ein Prinz verhalten und sehen, was passiert. Verhalte dich so, als sei das, was ich sage, wahr und urteile anhand dessen, was tatsächlich passiert.

♦

Körper und Geist sind nur Symptome der Ignoranz und des Mißverständnisses. Verhalte dich so, als seist du reines Gewahrsein, frei von Körper und Geist, Raum und Zeit, jenseits des Wo, Wann und Wie. Bleibe dabei, denk daran, lerne diese Wirklichkeit zu akzeptieren. Nur durch Tun wirst du Erfolg haben, nicht durch Reden.

♦

Was ist Schönheit? Alles, was im Zustand der Seligkeit wahrgenommen wird, ist schön. Seligkeit ist das Wesen der Schönheit.

♦

Das Christentum ist eine Möglichkeit, Worte miteinander zu verbinden, der Hinduismus eine andere. Die Wirklichkeit ist jenseits der Worte, unkommunizierbar, direkt erfahrbar, explosiv in ihrer Wirkung auf den Geist. Sie ist leicht zu haben, wenn man nichts anderes wünscht. Das Unwirkliche wird von der Einbildung erschaffen und von Wünschen fortgeführt.

♦

Es liegt ebenso in der Natur des Seins, im Werden ein Abenteuer zu sehen, wie es in der Natur des Werdens liegt, im Sein Frieden zu finden. Dieses Wechseln zwischen Sein und Werden ist unvermeidlich. Meine Heimat aber liegt jenseits davon.

♦

Wir lieben die Abwechslung, das Wechselspiel von Schmerz und Freude. Wir lassen uns von seinen Kontrasten faszinieren. Wir brauchen Gegensätze und den Schein der Verschiedenheit. Wir erfreuen uns eine Weile daran, werden dann müde und sehnen uns nach dem Frieden und der Stille des reinen Seins.

♦

Bewußtsein ist ein Attribut, Gewahrsein nicht. Man kann sich seines Bewußtseins gewahr sein, aber nicht seines Gewahrseins bewußt. Gott ist die Gesamtheit des Bewußtseins, das Gewahrsam jedoch umfaßt alles, das Sein ebenso wie das Nicht-Sein.

♦

Die Wirklichkeit ist weder subjektiv noch objektiv, weder Geist noch Materie, weder Zeit noch Raum. Solche Trennungen brauchen jemanden, dem das Ganze zustoßen kann, ein bewußtes getrenntes Zentrum. Aber die Wirklichkeit ist alles und nichts, die Totalität und die Ausschließlichkeit, die Fülle und die Leere, gleichzeitig in sich schlüssig und absolut paradox. Man kann nicht darüber sprechen, sondern sich nur darin verlieren.

♦

Du meinst, daß es ohne Grund kein Glück geben kann. Für mich ist es das schlimmste Elend, wenn man auf etwas angewiesen ist, um glücklich zu sein. Glücklichsein und Leiden haben Ursachen, aber mein Zustand ist mir eigen, vollkommen ohne Ursachen, unabhängig, unangreifbar.

Die Beendigung des Leidens liegt nicht in der Freude. Wenn du erkennst, daß du über Leid ebenso wie über Freude hinaus bist, weit darüber und unangreifbar, dann hört das Streben nach Freude ebenso auf wie die daraus folgenden Sorgen. Denn Leiden zielt immer auf Freude, und Freude endet irgendwann zwangsläufig in Schmerz.

♦

Um mit Dingen umzugehen, mußt du sie kennen. Um mit Menschen umzugehen, brauchst du Menschenkenntnis und Einfühlungsvermögen. Um mit dir selbst umzugehen, brauchst du gar nichts. Sei, was du bist – ein bewußtes Wesen – und werde dir selbst nicht untreu.

♦

Du brauchst etwas zu essen, zum Anziehen und ein Dach über dem Kopf für dich und die deinen. Das wird dir solange keine Probleme bereiten, wie du nicht gierig wirst. Lebe in Harmonie mit den Dingen, wie sie sind, und nicht, wie du sie gerne hättest.

♦

Deine Gedanken können nicht erkennen, was hinter ihnen liegt, aber das, was hinter ihnen liegt, kennt jeden deiner Gedanken.

♦

Warum soll man über die Freude überhaupt ein Wort verlieren? Du denkst ja auch nicht an die Freude, es sei denn, du bist traurig. Ein Mensch, der sagt: „Jetzt bin ich glücklich", befindet sich zwischen zwei unglücklichen Perioden, einer vergangenen und einer zukünftigen. Dieses „Glück" ist nichts weiter als die Freude über das Nachlassen des Schmerzes. Wirkliche Freude ist vollkommen unpersönlich.

♦

Mit Hilfe des richtigen Lehrers lernt ein Schüler, wie man lernt, nicht wie man auswendig lernt und gehorcht. *Satsang*, die Gemeinschaft der Auserwählten, prägt ihre Mitglieder nicht, sondern befreit sie. Hüte dich vor allem, was dich in Abhängigkeit bringt.

♦

Es kann niemals ein unveränderliches Bewußtsein geben, denn Unveränderlichkeit löscht sofort alles Bewußtsein aus. Ein Mensch, der seiner äußeren und inneren Wahrnehmungen beraubt wird, verliert sein Bewußtsein oder geht in einen Zustand über, der jenseits von Bewußtsein und Unbewußtsein, Geburt und Tod liegt.

♦

Das Unerwartete wird wahrscheinlich irgendwann eintreten, das Erwartete möglicherweise nie.

♦

Worte, gehört oder gelesen, werden nur gedankliche Bilder in dir hervorrufen, aber du bist kein gedankliches Bild. Du bist die Kraft der Wahrnehmung und Handlung, die hinter den Bildern steht und gleichzeitig weit über sie hinausgeht.

♦

Lippenbekenntnisse sind, selbst wenn sie mit viel Gefühl und Überzeugungskraft vorgetragen werden, wertlos und brechen unter der geringsten Belastung zusammen.

♦

Verwirf jedes selbstsüchtige Motiv, sobald du es siehst, und du wirst nicht nach der Wahrheit suchen müssen, sondern die Wahrheit wird dich finden.

♦

Erst wenn deine Zeit gekommen ist, wirst du das Bedürfnis und die Kraft haben, mit ganzem Herzen dich selbst zu erforschen.

♦

Leiden ist ausschließlich die Folge von Festhalten oder Widerstand, es ist ein Zeichen mangelnder Bereitschaft weiterzugehen, mit dem Leben zu fließen.

♦

Sich selbst aufzugeben heißt, sich keinerlei Sorgen mehr um sich zu machen. Du kannst dies nicht von dir aus tun, sondern es geschieht von selbst, wenn du deine wahre Natur erkennst.

♦

Sobald du erkennst, daß es in der Welt nichts gibt, was du dein eigen nennen kannst, wirst du sie von außerhalb sehen, wie ein Bühnenstück oder einen Film im Kino. Du wirst dich an ihr erfreuen und sie würdigen, aber innerlich unbewegt bleiben. Solange du meinst, etwas Greifbares und Festes zu sein, ein Ding unter anderen, und tatsächlich in Raum und Zeit zu existieren, kurzlebig und verletzlich, wirst du natürlich ängstlich besorgt um dein Überleben und Wachstum sein.

♦

Sehender und Gesehenes erscheinen nur, wenn es den Vorgang des Sehens gibt. Beide sind lediglich Attribute des Sehens. Wenn du sagst: „Ich sehe dies“, dann treten das „Ich“ und das „Dies“ erst durch den Akt des Sehens in Erscheinung, nicht vorher. Ein ungesehenes „Dies“ und ein nicht sehendes „Ich“ gibt es nicht.

♦

Befreiung ist niemals eine Befreiung der Person, sondern immer eine Befreiung von der Person.

♦

Du mußt so weit kommen, daß du es wirklich satt hast, der zu sein, der du bist. Dann kannst du das dringende Bedürfnis entwickeln, dich von der unnötigen Identifikation mit deinen gesammelten Erinnerungen und Angewohnheiten zu befreien. Der stete Widerstand gegen das Unnötige ist das Geheimnis des spirituellen Erfolges.

♦

Geistige Reife ist dann erreicht, wenn nichts Äußeres mehr einen Wert hat und das Herz bereit ist, alles loszulassen. Dann hat das Echte eine Chance und wird sie auch ergreifen. Verzögerungen wird es, wenn überhaupt, nur geben, wenn du in deinem Denken nicht bereit bist, bestimmte Dinge zu sehen und loszulassen.

♦

Du hättest am liebsten Ekstase rund um die Uhr. Ekstasen kommen und gehen, und das ist gut so, denn das menschliche Gehirn kann die Spannung nicht lange ertragen. Verlängerte Ekstase zerstört das Gehirn, es sei denn, sie ist extrem rein und subtil… Wenn ich sage: „Erinnert euch allzeit an das ‚Ich bin'", dann meine ich: „Kommt immer wieder darauf zurück". Es gibt keinen Gedanken, der für dein Denken ein natürlicher Dauerzustand ist, nur die Stille… Wenn das Denken in seinem Naturzustand ist, kehrt es spontan nach jedem Erlebnis wieder zurück zur Stille, oder besser gesagt: Jedes Erleben findet vor dem Hintergrund der Stille statt.

♦

Solange du dich mit dem Körper identifizierst, werden sich dein Schmerz und deine Sorgen Tag für Tag verstärken. Deshalb mußt du diese Identifikation aufgeben und dich selbst als Bewußtsein sehen. Wenn du dich als Körper siehst, heißt das, daß du dein wahres Selbst, das *atman*, vergessen hast. Auf jemanden, der sich selbst aus den Augen verliert, wartet nichts als Sorge. Wenn der Körper zerfällt, bist du selbst das Prinzip, das bleibt. Wenn du dich mit dem Körper identifizierst, wirst du fühlen, daß du stirbst, aber in Wirklichkeit gibt es keinen Tod, weil du nicht der Körper bist. Ob der Körper da ist oder nicht, deine Existenz wird immer da sein. Sie ist ewig.

♦

Meditation heißt nicht, daß dieser Körper/Geist über ein Individuum meditiert, sondern es ist das Wissen „Ich bin“, das Bewußtsein, das über sich selbst meditiert. Dann wird das Bewußtsein seinen eigenen Anfang entfalten, darlegen, wie es entstanden ist.

♦

Meine Existenz ist ewig. Sie hört nie auf. Ich bin nicht von dieser Welt, sondern die Welt ist in meinem Bewußtsein. Es sollte so sein, daß ein Körper in dieser Welt erscheint. Aber in Wahrheit zeigte sich, daß in einem gewissen Gegenstand das gesamte Universum enthalten war. Was ist das für ein Gegenstand? Es ist das Dasein, das Wissen „Ich bin“.

♦

Hat vor mir schon jemand existiert? Nur als mein Dasein erschien, war alles andere ebenfalls. Davor war nichts.

♦

Keine andere Praxis ist notwendig, außer zu verstehen (das heißt, sich selbst davon zu überzeugen), daß das eigentliche Wissen darin besteht, zu wissen, *daß* du bist, und nicht in der Art und Weise, *wie* du dieses Wissen auf der individuellen Ebene nutzt. Das Wissen selbst ist die Existenz. Du mußt rein bleiben in dem Wissen und als das Wissen. Das Wissen, daß du bist, hat sich irrtümlicherweise mit dem Körper identifiziert, also hältst du dich selbst für den Körper. Aber du bist das „Wissen". Festige deine Überzeugung, daß du das Wissen bist, das Sein, und nicht der Körper.

♦

Verstehe den Augenblick, in dem wir zum erstenmal begreifen, daß „wir sind" – den ersten Moment des Körpers, in dem er versteht, daß „er ist". Erkenne diesen ersten Moment. Wenn du ihn begriffen hast, bist du der höchste der Götter, der Punkt, an dem alles anfängt. An diesem Punkt fällt alles andere ebenfalls zusammen: Anfang und Ende sind in demselben Punkt. Sobald du das verstanden hast, bist du von diesem Punkt befreit. Niemand versucht, dieses Geschehen des Selbst, das Entstehen dieser „Ichheit", zu verstehen. Sobald es aber verstanden ist, bin ich, absolut, nicht „Ichheit".

♦

Jede Person, jede verkörperte Person, die das Wissen um ihre Ichheit besitzt, kann in der Welt nur aktiv sein, wenn sie durch ihren Namen zusammengehalten wird. Wenn sie keinen Namen hätte, wäre es ihr nicht möglich, weiter zu handeln. Im innersten Kern dieses Wissens oder dieser Ichheit gibt es jedoch nichts, was die Person zusammenhalten kann. Sobald man das „Ich bin", das reine Sein, formlos, nicht durch einen Körper zusammengehalten, verstanden hat, braucht es keine Befreiung mehr. In diesem Sein, das keinen Namen und keine Form hat, stabil zu sein, ist Befreiung.

♦

Die Menschen lernen, was man sie lehrt. Niemand kümmert sich darum, was sie waren, bevor man sie etwas gelehrt hat. Alles, was du vergessen kannst, kann nicht ewig sein, kann nicht die Wahrheit sein. Darum kannst du deinen wahren Zustand nicht vergessen, und darum kannst du dich auch nicht an ihn erinnern. Vergiß nie: Was immer du vergißt, kann nicht die Wahrheit sein.

♦

Alles, was gesehen und wahrgenommen wird, befindet sich ständig im Zustand von Schöpfung und Zerfall. Du jedoch, in deinem wahren Wesen, bist ungeboren und unzerstörber. Erst wenn du dein wahres Wesen erkennst, wird es für dich Frieden geben.

♦

Gleichwie du nach weltlichem Besitz strebst, er wird immer vergehen, ebenso wie deine Ideen und Identitäten. Selbst wenn du einer Religion folgst, in der Hoffnung, von außerhalb etwas Beständiges zu erwerben, wirst du bitter enttäuscht sein. Der Hauptzweck wahrer Spiritualität ist die Befreiung von den eigenen Ideen und Konditionierungen.

♦

Wenn man einer Religion, einem Kult oder einem Glauben anhängt, wird man unweigerlich konditioniert, weil man gezwungen ist, sich an die entsprechende Disziplin anzupassen und sie zu akzeptieren, sowohl körperlich als auch geistig. Vielleicht erlangt man für einige Zeit einen gewissen inneren Frieden, aber er wird nicht lange halten. Dein wahres Wesen kennt alle Begriffe und ist daher älter als sie.

♦

Auf verschiedenen Stufen deiner Entwicklung hast du deine Identität durch Begriffe wie „Kind“, „Junge“, „Jugendlicher“, „Mann im besten Alter“ und so weiter definiert. Aber welche begriffliche Identität hat sich für dich als zuverlässig herausgestellt? Alle Identitäten haben sich im Laufe der Zeit als Illusionen erwiesen. Da sie erschienen sind, mußten sie auch wieder verschwinden. Sie waren vorübergehend und an die Zeit gebunden. Der Wissende des Seins aber ist das ewige Absolute.

♦

Epilog

Nach der Lektüre dieser Aphorismen mag es manchem Leser sonderbar erscheinen, daß die darin enthaltene, im Grunde extrem einfache Botschaft für einige Menschen nur schwer zu verstehen ist. Dasselbe passiert mit den ursprünglichen Lehren der Upanischaden sowie mit den verwandten Lehren von Ramana Maharshi und Jiddu Krishnamurti. Alles Einfache im Leben kann kompliziert gemacht werden, bis es schließlich von keinem Menschen mehr verstanden wird. Viele Menschen verwässern oder verkomplizieren bestimmte Einsichten, weil die blanke Wahrheit viel zu explosiv ist für einen eingleisigen Verstand, der sich an vorgefertigten Erklärungen der Welt festhält, die ihm Sicherheit geben sollen. Die Wahrheit wird also verkleidet, genießbar gemacht, aber gleichzeitig verdünnt und verharmlost.

Im wesentlichen sagt Nisargadatta, daß die vielgerühmte Individualität des Menschen eine totale Illusion ist. Ebenso wie ein Regenbogen eigentlich eine optische Täuschung ist, basiert die Individualität auf einem Mißverständnis des menschlichen Denkens, von dem man sich lösen muß. Es gibt keine Befreiung, außer wir lassen unsere Vorliebe für diesen fehlerhaften Schluß gänzlich fallen. Dieses Fallenlassen ist kein Willensakt, wie wenn man sich beispielsweise einer Gottheit unterwerfen würde, denn der Wille selbst ist ja Bestandteil eben dieser Individualität, die aufgegeben werden muß. Es läuft letztlich auf ein Aufgeben hinaus, ein Sterben für alles, was wir aufgebaut und für das wir uns eingesetzt haben, ein Aufgeben unserer Anhaftung an alle unsere materiellen und geistigen Besitztümer. Dieses Loslassen ist ein totaler Bruch unserer Kontinuität, der zumindest am Anfang äußerst schmerzhaft ist, weil wir soviel in „unsere" Vergangenheit und Erinnerung investiert haben. Es gibt enorme Widerstände gegen die Konfrontation mit dieser Wahrheit, denn sie kommt der Verneinung des eigenen Wesens gleich. Ohne den Hintergrund der eigenen Vergangenheit zu leben, ist eine revolutionäre neue Lebensweise, weil man psychologisch von Augenblick zu Augenblick mit dem Unbekannten lebt; nichts ist, wie es einmal war. Das Leben erhält so eine neue Frische und eine neue Bedeutung, denn man erkennt, daß man an sich ein Nichts ist. Wenn man sämtliche psychologischen Staffagen hinter sich gelassen hat, gibt es nichts mehr, was man beschützen müßte, und man hat nichts mehr, was man sich oder der Welt beweisen müßte. Alles Handeln geschieht ohne Rücksicht auf die Früchte, das heißt, man pflegt nicht mehr länger das kleine Selbst. Es ist völlig klar, daß alles, was mit dem „Individuum" zu tun hat, Falschheit ist, und daß umgekehrt alles, was falsch ist, seine Quelle in der irregeleiteten Vorstellung vom „Individuum" hat. Tatsächlich ist der Mensch sich dieser Wahrheit durchaus bewußt, wenn auch sehr vage, denn seine Einstellung der Persönlichkeit gegenüber ist höchst zwiespältig. Auf der einen Seite ist man äußerst allergisch gegen ein Verhalten, das zu stark ichbezogen ist, und redet abfällig über „egozentrisches" Gehabe. Auf der anderen Seite preist man die Einzigartigkeit des Individuums. Das Ego *ist* das Individuum, man kann nicht das eine verurteilen und das andere wollen.

Jemand, der es mit seiner Spiritualität ernst meint, wird sehr genau auf seine gesamte Gedankenwelt achten. Er wird das Gefühl der Kontinuität, das Ego, beobachten, das den Menschen wie eine unsichtbare Aura umgibt. Die muß abgelegt werden, genauso wie man alte Kleider ablegt. Diese Analogie trifft jedoch nicht ganz zu, denn es gibt niemanden, der das „Ablegen“ bewußt verrichtet, denn das könnte nur durch das Ego selbst geschehen, und das Ego kann nicht sich selbst eliminieren; dies wäre ein Widerspruch in sich. Der Vorgang ist zu subtil, um ihn in Worten zu beschreiben. Vielmehr ist der eigentliche Vorgang, sich selbst zu sehen, wie man ist, eine Zusammensetzung aus Gedanken und Bildern ohne eigene Realität, aber mit einer gegebenen Kontinuität in Form von Erinnerungen und Gewohnheiten. Das ist die wahre Magie. In dieser Realität gibt es Kreativität und Einzigartigkeit, die die Grenzen des Individuums sprengen. Der Automatismus und der beschränkte Horizont aller psychologischen Vorgänge werden so gesehen, wie sie wirklich sind. Gleichzeitig verschwindet die scharfe Grenzlinie zwischen Leben und Tod. Wir wissen nur zu gut, was es heißt, in jedem Moment zu sterben, während wir noch im Körper sind. Wir haben uns mit dem Tod vertraut gemacht. Das physische Überleben hat seine zwanghafte Macht und seine Wichtigkeit verloren. Wir nehmen das Leben wahrhaft leicht.

Einige Leser fragen sich vielleicht, ob der Maharaj der Moralität in der spirituellen Suche ausreichend Platz eingeräumt hat. Tatsache ist, daß ein Mensch, der sich von seinen persönlichen Fesseln befreit hat, die Moral in Person ist. Ein solcher Mensch bedarf keiner besonderen Belehrungen, um ein moralisches Leben zu führen. Die Hauptsorge des Maharaj war daher immer, den Menschen von seinen Beschränkungen zu befreien; alles weitere ergibt sich von selbst. Auf der anderen Seite kann ein Mensch in seinem unerlösten Zustand eigentlich überhaupt kein moralisches Leben führen, ganz gleich, welche Belehrungen man ihm zuteil werden läßt. Es ist von Natur aus nicht möglich, denn sein Leben basiert geradezu auf der Immoralität. Er lebt eine Lüge, einen Grundwiderspruch: In allen Beziehungen funktioniert er als die getrennte Wesenheit, für die er sich hält, während in Wirklichkeit keine solche Trennung existiert. Jede seiner Handlungen verletzt daher andere „Einzelwesen", andere „Geschöpfe", die im Grunde nichts weiter sind als Verwirklichungen des einen Bewußtseins. Die Gesellschaft mußte eine Vielzahl von Regeln finden, um sich vor den übelsten Auswüchsen der Individualität zu schützen und ihren Status quo zu bewahren. Diese willkürlichen Regeln, die zeitlich und räumlich variabel und daher vollkommen relativ sind, werden „Moral" genannt. Die solchermaßen von Menschen gemachten Ideale werden als höchste Güter geschützt, oft noch durch religiöse „Offenbarungen" und Schriften sanktioniert, und die Gesellschaft liefert dem Menschen damit eine weitere Entschuldigung, dem Streben nach Befreiung in seinem Leben einen geringen Stellenwert einzuräumen oder es ganz aufzugeben.

Anhang

Eine Kosmologie nach Sri Nisargadatta Maharaj

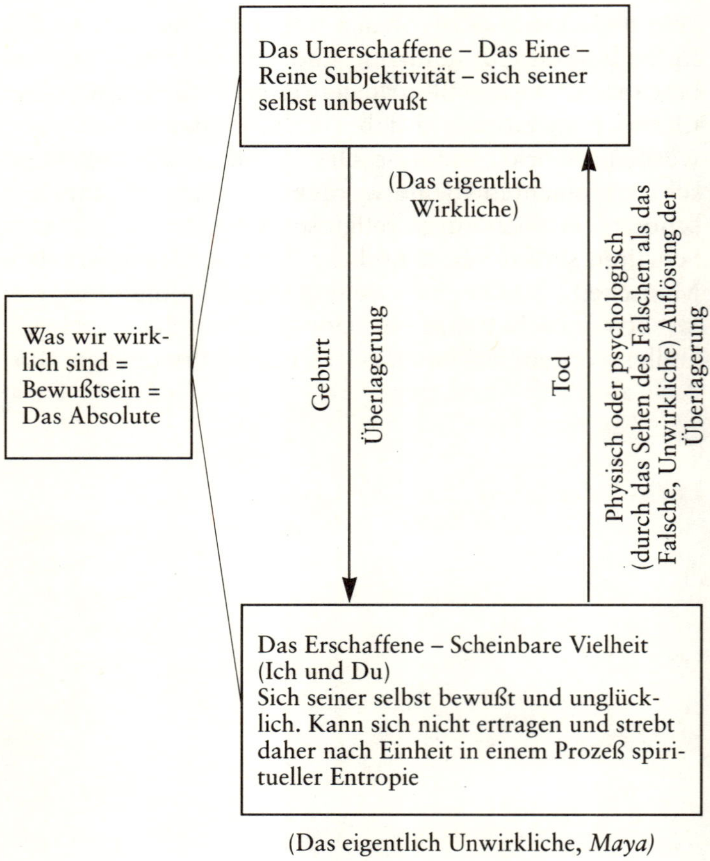

Es ist auffällig, daß die Gedankenaktivität – im wesentlichen Einbildung – die Wirklichkeit überlagert und so die Welt der Vielheit hervorbringt. Nur wenn man für alles psychologisch stirbt, ermöglicht dies den natürlichen Zustand, von dem Maharaj spricht (der jedoch nicht von „einem" gelebt wird), und der Kreis schließt sich.

Die Überlagerung nimmt ihre eigene Dynamik an, und das Bewußtsein, daß sowohl aus Wirklichem als auch aus Unwirklichem besteht, geht verloren. Interessanterweise gibt es dazu eine Analogie in den modernen Naturwissenschaften. Physiker gebrauchen den Begriff „Überlagerung", um zu beschreiben, wie ein Phänomen den Bereich eines anderen überschneidet, wie die Doppelbelichtung eines Films. Eine „kohärente Überlagerung" geht noch weiter. Sie ist eine Zusammensetzung, die ihre eigene Identität und ihren eigenen Charakter angenommen hat und sich erheblich von den Eigenschaften der ursprünglichen Elemente unterscheidet. Solche kohärenten Überlagerungen sind ein sehr verbreitetes Phänomen in der Quantenphysik. Die Wellenfunktion eines Teilchens, zum Beispiel eines Photons, ist die kohärente Überlagerung aller möglichen Interaktionen zwischen dem Teilchen und einem Maßsystem.* So gesehen verwirklicht sich der Mensch in seiner zweifachen Natur als die Überlagerung aller möglichen Interaktionen zwischen dem „Beobachter" (der Gesamtheit seiner Konditionierungen) und der „Welt".

„Unser Leben wird in Wirklichkeit, anstatt *von* uns gelebt zu werden, wie wir glauben, *für* uns gelebt, so wie eine Gestalt in unserem Traum sich entfaltet ... "

R. S. Balsekar: *Pointers from Nisargadatta Maharaj*

---

* Zukav, Gary. *The Dancing Wu Li Masters – An Overview of the New Physics*, New York: Bantam Books, 1980, S. 270.

In zwei Bereichen hat die Kosmologie Nisargadattas Berührungspunkte mit einem eher physikalischen Naturverständnis, das – zumindest anfangs – den Begriff des Bewußtseins ausklammert. Der erste Bereich besteht, wie wir oben bereits angedeutet haben, darin, *Maya*, die erschaffene Welt, als ein Phänomen ähnlich einer kohärenten Überlagerung zu sehen. Der andere Bereich ist der folgende.

In *Pointers from Nisargadatta Maharaj* schreibt Ramesh Balsekar, daß der Maharaj darüber spricht, wie das Unerschaffene durch einen Prozeß der „Objektivierung" zum Erschaffenen wird, in dem Objekte (die Welt) entstehen, die eine gleichzeitige Erschaffung von Raum und Zeit erforderlich machen. An dieser Stelle haben einige Kenner Nisargadattas offenbar Schwierigkeiten, ihm zu folgen. Das Phänomen der „Objektivierung" – der Prozeß der Hervorbringung einer Existenz aus einer Nicht-Existenz – erscheint ihnen zu sehr wie das sprichwörtliche Kaninchen aus dem Zylinder. Natürlich handelt es sich hier um nichts anderes als den alten Mythos der *Maya*, der Welt der phänomenalen Täuschungen. In diesem Zusammenhang halte ich es für interessant und hilfreich für unser Verständnis, sich das genaue Gegenteil zu vergegenwärtigen, die „De-Objektivierung", das heißt die Reduktion der erschaffenen (aber unwirklichen) Objekte auf Null oder in die Leere, aus der sie stammen. Fassen wir das in einer einfachen Gleichung zusammen:

De-Objektivierung

Die „Leere" ←- - - - - - - - - - - - - - - - „Die Welt"
Die „Leere" ————————————→ „Die Welt"

Objektivierung

Objektivierung und De-Objektivierung sind beide Teile desselben übergeordneten Mechanismus, ebenso wie Schmelzen und Gefrieren einer materiellen Substanz komplementäre Aspekte desselben physikalischen Prozesses sind.

Die De-Objektivierung kann ebenso auf der psychologischen wie auf der physischen Ebene stattfinden. Psychologische De-Objektivierung bedeutet die Entleerung des Denkens. Keine Vorstellung mehr, die als „Wissen" das Denken motivieren (antreiben), keine Gedanken. Ein leerer Geist kann immer noch Gegenstände und Ideen erkennen, ist aber nicht mehr an sie gebunden. Es gibt kein Bild von einem Selbst oder Bestandteilen desselben mehr und keine Trennung zwischen Ich, Du, Körper und Geist. Es herrschen Bedingungen, die sowohl Krishnamurti als auch Aldous Huxley als einen „Stillstand der Zeit" bezeichnet haben. Es gibt kein Werden mehr, nur noch Sein.

Physische De-Objektivierung ist die Reduktion aller Objekte auf Null, das heißt, daß die drei räumlichen Dimensionen auf den „dimensionalen Punkt", von dem der Maharaj spricht, reduziert werden. An anderer Stelle habe ich darauf hingewiesen, daß Dimension keine absolute Konstante ist, sondern ein Verhältnis von zwei Zahlen und von daher relativ. Alle Versuche das Gegenteil zu beweisen, den Raum zu einem absoluten Wert zu machen, enden in paradoxen oder anderweitig sinnlosen Antworten, wie einer infiniten Regression. Das zeigt, daß unsere Prämissen fehlerhaft oder sinnlos waren. Um das zu verdeutlichen wollen wir einmal ein einfaches Experiment machen. Nehmen wir an, das Universum ist über Nacht auf ein Tausendstel seiner Größe zusammengeschrumpft. Wäre es uns möglich, das festzustellen? Natürlich nicht, denn das Maß, mit dem wir es messen könnten, hätte sich gleichfalls in seiner Größe verringert. Das bedeutet, daß Dimension oder Raum in Wirklichkeit ein künstliches Gebilde ist, das ich als Messender, als Beobachter, innerhalb meines Bewußtseins hervorgebracht habe. Sobald das Bewußtsein fortgenommen wird, fällt auch der Raum in sich zusammen. Raum existiert also nur innerhalb meines Bewußtseins und ist Bestandteil meiner Wahrnehmung. Ebenso verhält es sich mit der Zeit. Ich selbst existiere jedoch nicht innerhalb dieser Raumzeit. Weil Objekt und Raum voneinander abhängige Aspekte derselben empirischen Realität sind, ist kein Objekt mehr, wo kein Raum ist. Es wurde wirksam de-objektiviert.

Was ist nun mit der Zeit? Da die Zeit in einer untrennbaren Einheit mit dem Raum verbunden ist, wurde auch die Raumzeit entsprechend auf Null reduziert. Das heißt, Zeit ist ebenfalls eine Besonderheit des Bewußtseins beziehungsweise des menschlichen Wahrnehmungsmechanismus. Auch das kann man anhand eines gedanklichen Experimentes verdeutlichen. Zeit wird, im Vergleich zu einem zyklischen Prozeß, gemessen. Stellen wir uns ein Universum vor, in dem alle physikalischen Prozesse über Nacht beschleunigt wurden. Werde ich den Unterschied bemerken? Die Antwort ist auch hier nein, denn alle Uhren und Maßeinheiten, mit denen die Zeit gemessen werden könnte, sind um denselben Faktor beschleuniugt worden. Ich werde also niemals erfahren, was mit der Zeit geschehen ist, weil alle Maßeinheiten für Zeit – Sekunden, Minuten, Monate und Jahre – scheinbar unverändert geblieben sind. Als nächstes stellen wir uns einen umgekehrten Fall vor, in dem alle physikalischen Prozesse verlangsamt werden, auch hier werden wir nichts bemerken, weil alle Vergleichsmaßstäbe ebenfalls im selben Verhältnis kleiner geworden sind. Wir gehen nun einen Schritt weiter und stellen uns vor, daß alle Prozesse zu einem völligen Stillstand kommen, weil der Ablauf der Zeit sich auf Null verlangsamt hat. Auch in diesem Fall wäre ich nicht in der Lage, dieses Einfrieren aller Bewegung wahrzunehmen, nicht nur aus dem erwähnten Grund, daß jegliche Vorstellung von Zeit dann abgeschafft wäre, sondern auch weil der Beobachter selbst als physiologisches Subjekt – an diesem Punkt (in der Zeitlosigkeit) nicht mehr existent wäre. Da Raum und Zeit eine untrennbare Einheit sind, kann ohne Zeit auch kein Raum existieren. (Den umgekehrten Fall haben wir oben beschrieben: Wenn der Raum gleich Null ist, verschwindet die Zeit.) Man kann es auch folgendermaßen sehen: Der bloße Akt des Beobachtens von Raum erfordert einen physiologischen Vorgang der Wahrnehmung, der in diesem Fall überhaupt nicht mehr möglich wäre. So verschwinden Raum und Zeit, und die De-Objektivierung findet statt: Die Zeit ist auf der physikalischen Ebene zu einem Stillstand gekommen. Als Analogie dazu denke man an die sprichwörtlichen schwarzen Löcher der Astronomie, in denen die gesamte Materie verschwindet. Möglicherweise kehren an dieser Stelle alle Dinge tatsächlich in ihrer physischen Form zurück in die Leere?

Warum führen wir das Gedankenexperiment nicht noch einen Schritt weiter? Wenn wir die Zeit beschleunigen, verlangsamen und sogar anhalten können, warum können wir sie dann nicht auch umkehren? Wenn wir die Zeit immer weiter verlangsamen würden, bis über den Nullpunkt hinaus, dann bekämen wir negative Zeit. Dies, so sagt unser Freund, sei noch immer Zeit, aber die Pfeilrichtung sei umgekehrt. Nun mögen wir fragen, ist ein solches Ding überhaupt möglich, und ist dies ein zulässiges Gedankenexperiment? Persönlich habe ich da überhaupt keine Bedenken, aber man sollte nicht vergessen, daß das Ganze im Grunde eine Übung in mathematischem (sprich: symbolischem) Überlegen ist und daher möglicherweise keine Entsprechung in der Wirklichkeit hat. Ich bin mir nicht sicher über die Bedeutung des Ausdrucks „der Vektor Zeit ist umgekehrt" oder ob diese Gedankenspiele sinnvoll sind. Tatsächlich sprechen Physiker von „umgekehrter Zeit", so, als existiere sie tatsächlich, aber was bedeutet das eigentlich? Vielleicht bin ich ein wenig schwer von Begriff, aber ich habe das ungute Gefühl, daß umgekehrte Zeit in der Wahrnehmung keinen Unterschied macht zur gewöhnlichen chronologischen Zeit.

Nehmen wir einmal an, die umgekehrte Zeit fände tatsächlich statt. Gesetzt den Fall, der Fluß der Ereignisse aus der Vergangenheit habe sich in die Zukunft verkehrt und wir erführen zuerst die Zukunft, dann die Gegenwart und schließlich die Vergangenheit – eine vollkommene Umkehrung der derzeitigen Verhältnisse. Die Explosion einer Bombe zum Beispiel würde als eine Vielzahl kleiner Splitter erlebt, die aufeinander zustreben und sich schließlich vereinigen. Aus einer Zerstörung, einer Explosion, würde eine Vereinigung, eine Implosion, und umgekehrt würde aus einer Implosion eine Explosion. Welche Erfahrung hätte ein Wesen, das schon immer in einer Welt der umgekehrten Zeit gelebt und niemals etwas anderes gesehen hat? Die Naturgesetze wären verschieden, aber immer noch vorhanden. Ebenso gäbe es eine Kausalität, die nichts weiter ist als eine Verkettung von Ereignissen in einer bestimmten berechenbaren, immer wieder gleichen Folge. Was wäre in der „verkehrten Welt" denn eigentlich anders?

Wahrscheinlich gäbe es in jedem folgerichtigen neurologisch-physiologischen Prozeß wie beispielsweise der Wahrnehmung noch immer ein Vorher und ein Nachher, nur die Inhalte wären anders (nämlich das genaue Gegenteil dessen, was wir gegenwärtig wahrnehmen). Ohne den Vergleich mit einer Welt der positiven Zeit würde nichs von dem Wahrgenommenen als etwas Außergewöhnliches erfahren. Zeit wäre ebenso Zeit. Die Schlußfolgerung aus diesem Gedankenexperiment wäre, daß es völlig bedeutungslos ist, zwischen gewöhnlicher und umgekehrter Zeit zu unterscheiden, ebensowenig, wie es Sinn macht, zwischen gewöhnlichen und umgekehrten Naturgesetzen zu unterscheiden. Ohne den direkten Vergleich zwischen zwei derart spiegelbildlichen Universen kann es niemals eine Wahrnehmung der umgekehrten Zeit als solche geben. Darüber hinaus – und ich weiß nicht, inwieweit ich das glauben soll oder nicht – wird gelegentlich behauptet, besser gesagt phantasiert, daß in einem umgekehrten Universum die Funktion des Gehirns, die Zeit wahrzunehmen, ebenfalls umgekehrt sei, was den Effekt der umgekehrten Zeit vollkommen auslöschte, jedenfalls, was die Wahrnehmung anbelangt. Anders gesagt: Wir leben bereits in einem solchen Universum und wissen es gar nicht!

Das Ergebnis dieser Gedankenexperimente ist, daß sich, ganz gleich, was mit Raum und Zeit geschieht, an der Wahrnehmung höchstwahrscheinlich überhaupt nichts ändert. Das, was *ist*, ist unsere Wahrnehmung. Es gibt keinen Unterschied zwischen unserer Erfahrung der Welt von Raum und Zeit und der Welt, wie sie ist, obwohl beide noch immer auf der Ebene der *Māya* (Illusion) sind. Das ist ganz klar eine weitere Variante von Krishnamurtis Satz: „Der Wahrnehmende *ist* das Wahrgenommene“ sowie von der Lehre des Zen-Buddhismus, in der es nur die So-heit der Dinge gibt, nicht aber die Dinge selbst.

Nach diesem Ausflug in die umgekehrte Zeit wollen wir uns noch einmal der Frage der De-Objektivierung zuwenden, einer Bedingung, in der Raum und Zeit nicht existieren und so keine Möglichkeit für die Existenz von

Gegenständen besteht. Materie entsteht und vergeht mit Raum und Zeit. Die vorangegangenen Einsichten kann man mit folgenden naturwissenschaftlichen Erkenntnissen in Verbindung bringen: 1. Einstein folgert in der Relativitätstheorie, daß Materie lediglich eine Funktion von Raum und Zeit ist. 2. Die Theorie sagt nichts über das Wesen des Raum-Zeit-Kontinuums aus. 3. Einstein hat die Existenz des Äthers niemals abgelehnt, anfangs jedoch postuliert, daß eine absolute Bewegung wahrnehmbar und ein absoluter Bezugsrahmen im Raum etabliert sei. – Er hätte ihn überhaupt nicht gebraucht. 4. Vor Einstein ging die Wissenschaft allgemein davon aus, daß das Universum von einem selbsterleuchteten Äther gefüllt sei. Als dann die Relativität in der Wissenschaft eingeführt wurde, taten sich viele Wissenschaftler schwer, die angenommene Existenz des Äthers loszulassen, weil dieser es ihnen leicht machte, sich den Mechanismus der Ausbreitung des Lichtes vorzustellen, und ganz allgemein das Zusammenspiel der Himmelskörper über große Entfernungen im leeren Raum zu erklären. Schließlich ist eine Einwirkung – sei es die Schwerkraft, der Elektromagnetismus oder etwas anderes – von einem Himmelskörper auf einen anderen nur schwer intuitiv verständlich angesichts des Vakuums des Weltalls, besonders, wenn die physikalische Leere ein tatsächliches Nichts im wahrsten Sinne des Wortes sein sollte.

Wenn wir unsere neuen Einsichten mit diesen vier Punkten zusammenbringen, können wir den Äther getrost den Wissenschaftlern, die ihn vermißt haben, in leicht veränderter Form zurückgeben und trotzdem die Relativitätstheorie Einsteins in ihren Grundzügen akzeptieren. Der Äther, den ich wieder einführen möchte, *füllt* das Universum nicht, sondern *ist* seine eigentliche Grundsubstanz, er *ist* Raum-Zeit und daher auch Materie-Energie. Er besteht aus nichts anderem als Bewußtsein. So löst sich auch das Rätsel der Interaktion zwischen Himmelskörpern über große Distanzen durch den leeren Raum. Dies erscheint nun als eine fehlerhafte, unvollständige Sicht, denn die Einzelteile, die wir Himmelskörper nennen, sind gar nicht voneinander getrennt. Nur das Ganze existiert. Die Einzelteile als getrennte Einheiten sind Erfindungen des Verstandes. Sie sind durch unser Sehen verursachte Abstraktionen, ebenso wie Max Born in seinem Buch über Einsteins Relativitätstheorie bemerkt, daß „die gemessene Länge eines Gegenstandes ein künstliches Produkt der Meßmethode“ ist.

Materie, als Funktion von Raum-Zeit, ist eine Eigenschaft des Äthers. Das heißt, sie manifestiert sich nur dann, wenn sie von einem Beobachter erlebt wird, der selbst aus Materie-/Äther besteht – wobei alles nicht mehr als eine Bewegung im Bewußtsein ist. Äther ist also das Medium, durch das das Bewußtsein sich selbst erkennt, die Quelle aller Dualität, der Hintergrund, vor dem das gesamte Panorama der *Maya* erscheint. Dahinter liegt die Quelle, das Absolute, die Wirklichkeit. Indem wir die zentrale Rolle des Bewußtseins wiederhergestellt haben, haben wir den Kreis geschlossen – den Kreis, in dessen Mitte die Lehre Sri Nisargadatta Maharajs steht.

Literatur

Balsekar, Ramesh S.: *Pointers from Nisargadatta*, Chetana, Bombay/The Acorn Press, Durham N. C., 1982

Brent, Peter: *Godmen of India*, Penguin Books, Harmondworth, 1972

Nisargadatta Maharaj: *Ich bin ... Gespräche mit einem Erleuchteten.* Aus dem Marathi übersetzt von Maurice Frydman, herausgegeben von Sudhakar S. Diskhit, Context-Verlag, Kamphausen, 1989

–: *Prior to Consciousness.* Edited by Jean Dunn, The Acorn Press, Durham N. C., 1985

–: *Seeds of Consciousness.* Edited by Jean Dunn, Grove Press, New York, 1982

–: *The Nectar of the Lord's Feet.* Edited by Robert Powell, Element Books, Shaftesbury, 1987

Sri Nisargadatta Maharaj Presentation Volume: 1980, Sri Nisargadatta Adhyatma Kendra, 1981